Klasse 6

Ulrike Stolz & Lynn-Sven Kohl

Der Leseprofi

6

Fit durch Lesetraining!

Intensives Training des sinnerfassenden Lesens

Der Leseprofi / Fit durch Lesetraining!

Klasse 6

3. Auflage 2025

Inhalt: Ulrike Stolz, Lynn-Sven Kohl
Coverbild: © by-studio - AdobeStock.com
Redaktion: Kohl-Verlag
Grafik & Satz: Kohl-Verlag
Druck: elanders Druck, Waiblingen

Bestell-Nr. 16 766

ISBN: 978-3-98841-106-8

Bildquellen:

(alle Adobestock.com, wenn nicht anderes angegeben)

Auf allen Seiten: © rosifan19; **Seite 2:** © Africa Studio; **Seite 6:** © boonchuay1970; **Seite 7:** © OlegDoroshin; **Seite 8:** © André karwath (Aka) - wikimedia commons; **Seite 9:** © edK; **Seite 10:** © James Steidl; **Seite 11:** © Fox; **Seite 12:** © clipart.com; **Seite 13:** © Jorge Alves; **Seite 14:** © Viviana; **Seite 15:** © Davivd; **Seite 16:** © Editorial_Use_only_sforzza; **Seite 17:** © Wladimir Lys; **Seite 18:** © Wikimedia Commons; **Seite 19:** © Destina; **Seite 20:** © cascoly2; **Seite 21:** © byerenyerli; **Seite 22:** © refresh(PIX); **Seite 23:** © buteo; **Seite 24:** © Bikej Barakus; **Seite 25:** © Skyelar; **Seite 26:** © Marija; **Seite 27:** © Yeti Studio; **Seite 28:** © Wikimedia Commons; **Seite 29:** © Massimo Todaro; **Seite 30:** © Everest Adv; **Seite 31:** © artepicturas; **Seite 32:** © Krakenimages; **Seite 33:** © Davi Sales; **Seite 34:** © DerHexer - wikimedia commons; **Seite 35:** © Tamme; **Seite 36:** © STUDIO GRAND WEB; **Seite 37:** © fotomek; **Seite 38:** © nuclear_lily; **Seite 39:** © iridescentstreet; **Seite 40:** © Frédéric Prochasson; **Seite 41:** © Franck Thomasse; **Seite 42:** © f11photo; **Seite 43:** © shootingankauf; **Seite 44:** © SergiyN; **Seite 45:** © Rostichep; **Seite 47:** © BlackMac; **Seite 48:** © serhiibobyk; **Seite 49:** © serhiibobyk; **Seite 51:** © Editorial_Use_Only_U.J. Alexander; **Seite 53:** © Mediendesign

Kontakt: Kohl-Verlag, An der Brennerei 37-45, 50170 Kerpen
Tel: +49 2275 331610, Mail: info@kohlverlag.de

Inhalt

Vorwort

Profi! Wie wird man das?

Das ist eine berechtigte Frage. Und dann auch noch Leseprofi?
Gerade in diesem grundlegenden Bereich ziehen sich die Schwierigkeiten unserer Schülerinnen und Schüler durch alle Altersstufen und alle Schularten.
Um diese Schwierigkeiten zu beheben, wurde der Leseprofi entwickelt. Es wird neben der Lesetechnik und Lesefertigkeit auch das Textverständnis trainiert. Ein fragendes Denken soll mit Hilfe dieser Arbeitsblätter gefördert werden.

Aber was ist überhaupt Lesen? Worauf kommt es denn nun wirklich an?
Lesen ist Sinnentnahme aus allen möglichen Texten. Das reicht von der täglichen Fernsehprogrammbeschreibung bis zum wissenschaftlichen Text. Dabei gibt es diesen entscheidenden Lerneffekt:
Wichtiges von Unwichtigem zu unterscheiden!
Das geht nur durch Lesen und gleichzeitiges Verstehen!

Der Aufbau der Arbeitsblätter zielt vor allem auf das Verstehen des Gelesenen ab. Dabei geht das natürlich nicht immer, ohne auch zu schreiben. Denn nur, wer etwas Gelesenes auch reproduzieren, also „aufschreiben" kann, der hat den Sinn des Gelesenen auch verstanden.

Die 27 Einheiten im Heft sind nach Schwierigkeit sortiert - von einfach bis schwierig. Auf den Arbeitsblättern wird aber aus Gründen der Benachteiligung bewusst darauf verzichtet, den Schwierigkeitsgrad zu kennzeichnen. Kein Schüler muss wissen, dass der Lehrer/die Lehrerin ihm/ihr „nur" einen leichten Text gibt. So kann man die Schülerin/den Schüler schneller positiv bestärken, z.B. mit dem konkreten Hinweis auf sein konzentriertes Arbeiten. So fördert man Motivation und Konzentration.

Frei nach dem Motto „Wer nicht fragt, bleibt dumm!" gibt es natürlich in jedem Text auch einmal Wörter zu erklären. Meistens ist dies im Text nur auf ein bis zwei unbekannte Wörter beschränkt, sodass die Schülerin/der Schüler sich mit diesen Begriffen und ihren Bedeutungen auseinandersetzen kann. Möchte man den Lese-Wortschatz erweitern, müssen neue unbekannte Wörter/Begriffe eingebaut werden. Diese werden aus dem Kontext heraus oder durch zusätzliche Erklärungen mit Inhalt gefüllt. Dies kann die Schüler auch zum Nachschlagen von Begriffen in Lexika führen. Ein weiterer positiver Lerneffekt!

Zusätzliches Material zum Leseprofi bietet das passende Arbeitsheft zu jeder Ausgabe. Hier wird Lesen und Verstehen mit Aufgabentypen verschiedenster Art gefördert. Alle diese Materialien können unabhängig voneinander eingesetzt werden.

Der Leseprofi macht jeden Schüler zum Profi, weil das wichtigste Ziel beim Lesen verfolgt wird:
Unwichtiges von Wichtigem lesend zu trennen!

An dieser Stelle möchten wir uns für die Unterstützung bei Sylvia Hielscher, Wolfgang Wertenbroch und Erich van Heiss ganz herzlich bedanken.

Ihnen und Ihren Schülern wünschen wir viel Erfolg und Freude mit den vorliegenden Kopiervorlagen.

Ihr Kohl-Verlagsteam,

Lynn-Sven Kohl & Ulrike Stolz

Methoden

So wird mit dem Leseprofi gearbeitet!

So kann der Schüler/die Schülerin mit dem Leseprofi arbeiten:

1. Arbeitsblatt

- Der Text wird gelesen. Eventuell wird der Text auch ein zweites Mal gelesen.
- Der Text kann, um ein nochmaliges Nachlesen zu verhindern, nach hinten weggeklappt werden.
- Im 1. Lernschritt werden die Aussagen zum Text gelesen. Mit einem lachenden Gesicht werden die richtigen Aussagen gekennzeichnet. Dies kann je nach Alter der Schüler auch mit Selbstkontrolle über das Lösungsblatt kontrolliert werden. Das Lösungsblatt könnte z.B. beim Lehrer ausgelegt sein.

2. Arbeitsblatt

- Der zweite Lernschritt ist additiv. Er kann nach Belieben hinzugenommen oder weggelassen werden.
- Die Fragen werden gelesen und schriftlich beantwortet. Dafür kann der Text auch noch einmal vollständig gelesen werden.
- Schwächere oder jüngere Schüler können mit der „Unterstreichmethode“ arbeiten. So muss nur gelesen und nichts geschrieben werden. Es eignen sich Textmarker zum Markieren einzelner Textstellen. Die Fragestellung zum 2. Lernschritt sollte dann zusätzlich so formuliert werden: ***„Unterstreiche im Lesetext die passenden Antworten. Schreibe am Rand die dazugehörigen Buchstaben daneben!"***

Zusätzliche Ideen und Überlegungen für den Lehrer:

- Da die Texte nach Schwierigkeitsgraden im Heft sortiert sind, auf dem Blatt aber nicht als leicht oder schwierig gekennzeichnet wurden, hat der Lehrer die Möglichkeit, jeden Schüler positiv zu bestärken.
  Dabei sollte ganz konkret gesagt werden, was ein Schüler toll gemacht hat (z.B. hat er sich prima konzentriert). Allgemeines Lob wird auch nur allgemein wahrgenommen. Deshalb sollte man immer das gewünschte Verhalten konkret benennen und loben.
- Schwache Schüler profitieren von der „Unterstreichmethode“. Mit verschiedenen Textmarkern macht das richtig Spaß und diese Schüler haben die gleichen Ergebnisse wie ihre schreibenden Mitschüler.
- Überschriften machen neugierig. Sie stimmen auf mögliche Inhalte des Textes ein. In einem einstimmenden Gesprächskreis können Vermutungen geäußert werden, die motiveren (z.B.: Woran denkst du bei dieser Überschrift? Was könnte im Text vorkommen? Wovon könnte er handeln? usw.) Schüler haben dann eine Erwartungshaltung und sind gespannt darauf, was der Text nun wirklich zu bieten hat.
- Der Lese-Wortschatz wird durch nicht so geläufige Begriffe erweitert. Aus dem Kontext heraus werden sie mit Inhalt gefüllt.
- Der Zusatzkasten mit Sprech- und Schreibanlässen gibt Stoff für weitere Stunden und angeregte Diskussionen und setzt sich mit den beschriebenen Sach- und Sozialthemen auseinander. Sachtexte regen zum Weiterlesen in Lexika oder entsprechenden Natur- und Sachkundebüchern an. Deshalb wird auch gelegentlich angeregt, das Internet für weitere Nachforschungen zu nutzen.
- Die Texte können als Vorlage benutzt werden, um zu lernen, Unwichtiges zu streichen und das Wichtige in Stichwörtern zusammenzufassen. Eine Folge wird sein, dass auch eigene Texte mit Wichtigem/den Kernaussagen gefüllt sein werden.
  Der Leseprofi fördert das Textverständnis auch für völlig unbekannte Texte, da methodisch vorgegangen wird. Der Schüler merkt sich nur das Wesentliche!

1 Kaugummi

Erfunden wurde Kaugummi von den Maya in Südmexiko. Chicle ist der dicke, milchige Saft des Sapodilla-Baums. Er verhärtet sich an der Luft zu Gummi und schmeckt sehr gut. Mit Hernán Cortés, dem spanischen Eroberer, verschwanden ab 1518 die ausgedehnten Handelswege, auf denen der Kaugummirohstoff aus den Wäldern in die Städte gebracht worden war. Nur bei den Bewohnern des Dschungels hielt sich die Sitte des Kaugummikauens. Dort entdeckte um 1870 William Wrigley jr. die wohlschmeckende Süßigkeit. Sprunghaft stieg darauf der Bedarf an Sapodilla-Saft an. Die letzten überlebenden Maya drangen nun, um die Nachfrage zu befriedigen, zu Beginn des letzten Jahrhunderts in die Bergwälder zur Ernte ein. Dort stießen sie auf die Ruinen der großen Städte ihrer Ahnen, die von den Eroberern zerstört worden waren.

Breiapfelfrucht (Sapodilla)

124 Wörter

1. Lernschritt

➔ *Lies die folgenden Sätze aufmerksam durch.*

➔ *Ist die Aussage inhaltlich richtig? Dann kreuze die Aussage an.*

(!) *Achtung: Du darfst jetzt nicht mehr im Text nachlesen!*

Knicke das Blatt entlang dieser Linie nach hinten.

Richtig 

Nr.	Aussage	Richtig
1	Kaugummi wurde von den Maya in Südmexiko erfunden.	
2	Der Saft des Milchbaumes wird so lange gekocht, bis er zu Gummi geworden ist.	
3	Mit den Handelswegen verschwand auch der Kaugummi in den Städten.	
4	Die Dschungelbewohner kauten weiterhin viel Kaugummi.	
5	Dort entdeckte William Wrigley jr. das Kaugummikauen.	
6	Der Bedarf an Sapodilla-Saft verringerte sich plötzlich.	
7	Wegen der großen Nachfrage drangen die Mayas in die Bergwälder zur Ernte ein.	
8	Die Maya stellten den Kaugummi in großen Fabriken her.	
9	Der Saft wurde in Edelstahlbehältern in die Fabriken gebracht.	
10	In den Bergwäldern stießen die Mayas auf die Ruinen der großen Städte ihrer Ahnen.	

1 Kaugummi

2. Lernschritt

➔ *Beantworte die folgenden Fragen zum Lesetext sinngemäß.*

➔ *Schreibe in vollständigen Sätzen.*

a) Wer erfand den Kaugummi? ____________________

____

b) Was ist Chicle? ____________________

____

c) Wo erhielt sich nach dem Verschwinden der Handelswege die Sitte des Kaugummikauens?

____

____

d) Wer entdeckte bei den Dschungelbewohnern das Kaugummikauen? __________

____

e) Welcher Bedarf stieg daraufhin sprunghaft an? __________

____

f) Woher bekamen die letzten überlebenden Mayas den Sapodilla-Saft zur Herstellung des Kaugummis?

____

____

g) Worauf stießen sie bei der Beschaffung des Saftes? __________

____

Zusatzaufgabe

Kaugummi findet sich oft nicht nur im Mund des Besitzers, sondern auch unter Stühlen oder achtlos weggeworfen auf dem Bürgersteig. Findest du es in Ordnung, ihn einfach wegzuspucken oder einfach irgendwo hinzukleben, wenn man ihn nicht mehr mag? Begründe deine Meinung.

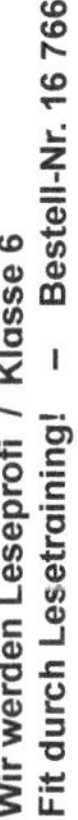
Wir werden Leseprofi / Klasse 6
Fit durch Lesetraining! – Bestell-Nr. 16 766
KOHL VERLAG

2 Zecken

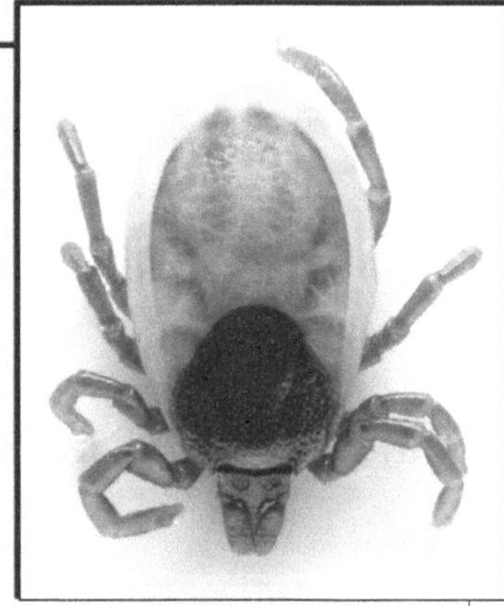

Diese Spinnentiere ernähren sich von Blut. Sie sitzen im Gras oder in Büschen, von wo aus sie ihre Beute machen. Orten sie die Wärme eines Säugetiers, lassen sie sich fallen. Mit ihren Mundwerkzeugen bohren sie sich in die Haut eines Tieres oder eines Menschen. Das gesaugte Blut lässt den Hautsack der Zecke anschwellen. Sie vergrößert sich um ein Vielfaches. Nach einem Waldbesuch sollte sich jeder auf Zecken absuchen, denn sie übertragen zwei gefährliche Krankheiten. Die FSME* ist eine Form von Hirnhautentzündung, gegen die man sich impfen lassen kann. Die Borreliose wird durch Bakterien übertragen. Diese Erkrankung ist schwer zu diagnostizieren, denn sie hat ein sehr vielfältiges Erscheinungsbild. Kopfschmerzen, Mattigkeit und Gelenkentzündungen gehören dazu. Diese langwierige Erkrankung kann nur vom Arzt mit Antibiotika behandelt werden.

125 Wörter

***(Frühsommer-Meningoenzephalitis)eine durch den FSME-Virus ausgelöste, grippeähnliche Erkrankung**

1. Lernschritt

➔ *Lies die folgenden Sätze aufmerksam durch.*

➔ *Ist die Aussage inhaltlich richtig? Dann kreuze die Aussage an.*

 *Achtung: Du darfst jetzt nicht mehr im Text nachlesen!*

Knicke das Blatt entlang dieser Linie nach hinten.

Richtig 

Nr.	Aussage	Richtig
1	Zecken ernähren sich von Blut.	
2	Ihre Beute machen sie von sehr hohen Bäumen aus.	
3	Sie hören es, wenn sich ihrem Baum ein Mensch oder anderes Säugetier nähert.	
4	Mit ihren Rüsseln saugen sie das Blut in ihren Darm.	
5	Zecken übertragen Hautausschlag.	
6	FSME ist eine Form von Hirnhautentzündung.	
7	Borreliose wird durch Bakterien übertragen.	
8	Borreliose kann man leicht diagnostizieren.	
9	Zu dieser Krankheit gehört, dass man besonders nervös und aktiv ist.	
10	Borreliose kann nur mit Salbe behandelt werden.	

2 Zecken

2. Lernschritt

➔ *Beantworte die folgenden Fragen zum Lesetext sinngemäß.*

➔ *Schreibe in vollständigen Sätzen.*

a) Von wo aus machen Zecken ihre Beute? ____________________

____

b) Wie bohren sie sich in die Haut von Menschen oder Katzen? ____________

____

____

c) Was passiert mit der Zecke, wenn sie Blut gesaugt hat? ______________

____

d) Was sollte jeder nach einem Waldbesuch machen? ____________________

____

e) Was ist FSME? ____

____

f) Wodurch wird Borreliose übertragen? ___________________________

____

g) Wie ist das Erscheinungsbild von Borreliose? ______________________

____

h) Wodurch kann diese langwierige Erkrankung nur behandelt werden? ________

____

Zusatzaufgabe

Informiert euch über Gebiete, in denen Zecken stark verbreitet sind und über die Gefahr, die von Zecken ausgeht. Sammelt eure Ergebnisse anschließend in der Klasse und tauscht euch untereinander aus.

3 Katapulte

Katapulte waren früher riesige Kriegsmaschinen, mit denen große Gesteinsbrocken weit geschleudert werden konnten. Diese kräftigen Holzkonstruktionen wurden auf Rädern an ihren Einsatzort geschoben. Meistens wurden sie zur Belagerung von Burgen eingesetzt. Die Konstrukteure hatten den Hebel als Vorbild genommen. In der Pfanne an einem Hebelende lag das Geschoss. Mit Seilen zogen es die Kämpfer zu Boden. Durch das schwere Gewicht am anderen Ende wurde das Geschoss beim Loslassen weit durch die Luft geschleudert. Es sollten Breschen, das sind Löcher, in die Festungsmauern der Gegner geschlagen werden. War die Burgmauer erst einmal durchlöchert, konnten die Fußtruppen den Kampf fortsetzen. Auch heute verwendet man Katapulte. Sie werden mit Pressluft betrieben und sollen beispielsweise Flugzeuge, die eine kurze Startbahn haben, schnell beschleunigen. Das ist auf Flugzeugträgern der Fall. Hier werden die „Jäger" regelrecht in die Luft geschossen.

136 Wörter

1. Lernschritt

➔ *Lies die folgenden Sätze aufmerksam durch.*

➔ *Ist die Aussage inhaltlich richtig? Dann kreuze die Aussage an.*

Achtung: Du darfst jetzt nicht mehr im Text nachlesen!

Knicke das Blatt entlang dieser Linie nach hinten.

Richtig 

		X
1	Früher waren Katapulte riesige Kriegsmaschinen, die große Gesteinsbrocken wegschleudern konnten.	
2	Die Holzkonstruktionen wurden auf großen Schlitten an ihren Einsatzort geschoben.	
3	Die Katapulte wurden zur Belagerung von Burgen eingesetzt.	
4	Die Konstrukteure hatten sich den Flaschenzug als Vorbild genommen.	
5	Das Geschoss lag in einem Weidenkorb.	
6	Das Geschoss wurde beim Loslassen weit durch die Luft geschleudert.	
7	Mit den Geschossen wurden Löcher in die Mauern geschlagen.	
8	Durch die Katapulte wurden die Fußtruppen überflüssig.	
9	Heute werden Katapulte zum Antreiben von Zügen verwendet.	
10	Auf Flugzeugträgern wird diese Technik benutzt, um „Jäger" in die Luft zu schießen.	

KOHL VERLAG Wir werden Leseprofi / Klasse 6

3

Katapulte

2. Lernschritt

➔ *Beantworte die folgenden Fragen zum Lesetext sinngemäß.*

➔ *Schreibe in vollständigen Sätzen.*

a) Wozu wurden Katapulte früher benutzt? ____________________

____

____

b) Wozu wurden die Katapulte meistens eingesetzt? ____________________

____

c) Was hatten sich die Konstrukteure zum Vorbild genommen? ____________________

____

d) Wie wurden diese Holzkonstruktionen an ihren Einsatzort geschoben? __________

____

e) Warum wurde das Geschoss weit durch die Luft geschleudert? __________

____

____

f) Was passierte, wenn die Burgmauer erst einmal durchlöchert war? __________

____

g) Wie und wozu werden heute die Katapulte betrieben? ____________________

____

____

Zusatzaufgabe

Verfasse eine Geschichte zu der Zeit der Ritter und Burgen. Lasse mit einem Katapult einen Angriff auf eine belagerte Burg stattfinden.

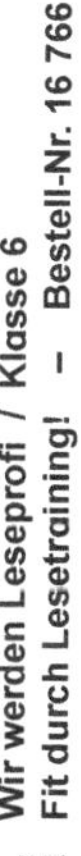

Wir werden Leseprofi / Klasse 6
Fit durch Lesetraining! – Bestell-Nr. 16 766

4 Antiker Sport

Im alten Griechenland nahmen die Menschen den Sport sehr ernst. Im Sport sah man ein geeignetes Mittel, Knaben und Jünglinge zu Kriegern zu machen. Die Jungen der Oberschicht wurden auch deshalb zu sportlichen Übungen herangezogen, weil ein schöner und gesunder Körper als Zeichen edler Herkunft galt. Sport förderte den Mut und sorgte für innere und äußere Ausgewogenheit. Alle zwölfjährigen griechischen Knaben besuchten das „gymnasion". Eine Sportstätte, die aus einem offenen Hof bestand, der von Umkleideräumen, Bädern und Hallen umgeben war. Dort zogen sich die Knaben aus, wuschen sich, rieben sich mit Öl ein und bestreuten sich mit Sand. Die beliebtesten Sportarten waren Ringen, Laufen, Weitsprung, Diskus- und Speerwurf. Die griechischen Athleten hatten mit der gleichen Wurftechnik den Diskus zu schleudern, wie heutige Sportler. Nur wog ihre Scheibe 5 kg und nicht wie heute 2 kg für Männer und 1 kg für Frauen.

141 Wörter

1. Lernschritt

➔ *Lies die folgenden Sätze aufmerksam durch.*

➔ *Ist die Aussage inhaltlich richtig? Dann kreuze die Aussage an.*

(!) *<u>Achtung</u>: Du darfst jetzt nicht mehr im Text nachlesen!*

- -

Knicke das Blatt entlang dieser Linie nach hinten.

Richtig 

		Richtig
1	Im alten Griechenland wurde Sport nicht ernst genommen.	
2	Man fand, Sport sei ein geeignetes Mittel, aus Knaben Krieger zu machen.	
3	Ein gesunder Körper deutete auf eine arme Herkunft hin.	
4	Sport förderte die innere und äußere Ausgewogenheit.	
5	Das „gymnasion" war eine Sportstätte, die aus einem offenen Hof bestand, der von Umkleideräumen, Bädern und Hallen umgeben war.	
6	Im „gymnasion" machten die Mädchen ihren Sport.	
7	Die beliebtesten Sportarten waren Ski fahren, Rad fahren und Schwimmen.	
8	Die griechischen Athleten hatten beim Diskuswerfen die gleiche Wurftechnik wie unsere heutigen Sportler.	
9	Eine Scheibe wog damals 7 kg.	
10	Heute wiegt eine Scheibe für Männer 5 kg und für Frauen 4 kg.	

4 Antiker Sport

2. Lernschritt

➔ *Beantworte die folgenden Fragen zum Lesetext sinngemäß.*

➔ *Schreibe in vollständigen Sätzen.*

a) Was nahmen die Menschen im alten Griechenland sehr ernst? ______________

____

b) Wofür stand ein schöner und gesunder Körper? ______________

____

____

c) Was förderte Sport alles bei den jungen Menschen? ______________

____

d) Wer besuchte alles das „gymnasion"? ______________

____

e) Was machten die Jungen im „gymnasion"? ______________

____

f) Was waren damals die beliebtesten Sportarten? ______________

____

g) Was haben die damaligen und heutigen Diskuswerfer gemeinsam? ______________

____

h) Was wogen die Diskusscheiben früher? ______________

____

Zusatzaufgabe

Welchen Stellenwert hat Sport heute? Ist Sport noch genauso wichtig wie im alten Griechenland? Diskutiert.

5 Buddhas Blumenkinder

Jeden Mai feiert Südkorea die Geburt Buddhas vor 2550 Jahren. Die Kinder spielen dabei eine ‚leuchtende‘ Rolle. Um den Hals tragen sie beim Umzug Kränze aus blütenförmigen Lampions. Die Jungen und Mädchen sehen dann aus wie blühende beleuchtete Lotusblumen. Kim ist in diesem Jahr das erste Mal dabei. Sie ist ganz aufgeregt, denn extra für den Umzug in der Hauptstadt hat sie ein neues Kleid bekommen. Alle tragen dasselbe grünglitzernde Gewand. Die Mädchen haben ihre Haare zu einem Knoten zusammengesteckt. So kommt die Sternenkette auf der Stirn besser zum Ausdruck. Dicht nebeneinander gehen die Kinder die Hauptstraßen von Seoul entlang. Mit ihrem Umzug beim Lotus-Laternen-Festival wollen die Gläubigen zeigen, dass der Religionsstifter Buddha ihr Leben erleuchtet hat. Der Buddhismus war in Korea lange Staatsreligion, sodass alle Bürger diesen Glauben annehmen mussten. Heute ist jeder vierte Koreaner Buddhist. In dieser Nacht lassen die Mönche in den Klöstern ihre Lampen erstrahlen.

151 Wörter

1. Lernschritt

➔ *Lies die folgenden Sätze aufmerksam durch.*

➔ *Ist die Aussage inhaltlich richtig? Dann kreuze die Aussage an.*

 *Achtung: Du darfst jetzt nicht mehr im Text nachlesen!*

Knicke das Blatt entlang dieser Linie nach hinten.

Richtig 

Nr.	Aussage	Richtig
1	Jeden November feiert Südkorea die Geburt Buddhas vor 2550 Jahren.	
2	Die Kinder spielen bei diesem Fest gar keine Rolle.	
3	Für den Umzug hat Kim extra neue Schuhe bekommen.	
4	Es tragen alle dasselbe grünglitzernde Gewand.	
5	Die Mädchen tragen offene Haare.	
6	Die Kinder gehen dicht nebeneinander die Hauptstraße von Seoul entlang.	
7	Die Gläubigen wollen mit dem Lotus-Laternen-Festival zeigen, dass ihr Religionsstifter Buddha ihr Leben erleuchtet hat.	
8	Der Buddhismus war in Afrika lange Staatsreligion.	
9	Jeder vierte Koreaner ist heute Buddhist.	
10	In den Klöstern lassen in dieser Nacht die Mönche die Lampen erstrahlen.	

5

Buddhas Blumenkinder

2. Lernschritt

➔ *Beantworte die folgenden Fragen zum Lesetext sinngemäß.*

➔ *Schreibe in vollständigen Sätzen.*

a) Was wird jeden Mai in Südkorea gefeiert? ____________________

____

b) Was tragen die Kinder bei diesem Fest um den Hals? ____________________

____

c) Wieso ist Kim aufgeregt? ____________________

____

d) Wie tragen die Mädchen ihre Haare? ____________________

____

e) Wieso tragen die Mädchen ihre Haare so? ____________________

____

f) Was wollen die Gläubigen mit diesem Umzug zeigen? ____________________

____

____

g) Wieso mussten alle Koreaner lange Zeit den Buddhismus als Religion annehmen?

____

h) Was machen die Mönche in dieser Nacht in den Klöstern? ____________________

____

Zusatzaufgabe

Informiert euch in Gruppen über den Buddhismus. Was sind die wichtigsten Eckpunkte dieser Religion? Wo ist sie zu Hause?

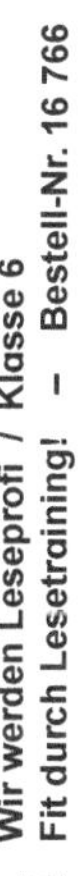

Wir werden Leseprofi / Klasse 6
Fit durch Lesetraining! – Bestell-Nr. 16 766

6 Vincent van Gogh

Er lebte von 1853 bis 1890 in Holland. Er gehörte zu den wichtigsten Malern seiner Zeit. Seine Bilder sind auf den ersten Blick von anderen zu unterscheiden. Mit kräftigen Pinselstrichen setzte er reine Farben nebeneinander. Durch die Impressionisten entdeckte er diese Malweise. Diese bevorzugten das leichte Nebeneinander von Farben, das sich im Auge zu einem Gesamteindruck mischt. Van Gogh bevorzugte intensive Farben, die seine Empfindungen ausdrückten. Den Wechsel von Lebensfreude und Trübsal in seinem Leben zeigte er durch helle oder düstere Farben. Meistens malte er in der Natur, wodurch uns wunderschöne Bilder der holländischen Landschaft erhalten geblieben sind. Zeit seines Lebens fand er keine Anerkennung oder Lohn für seine Arbeiten. Von seinem Bruder wurde er unterstützt, der ihn auch in seiner schweren Krankheit begleitete. Van Gogh starb arm und geistig verwirrt mit 37 Jahren. Vom Ruhm seiner Bilder ahnte er nichts.

144 Wörter

1. Lernschritt

➔ *Lies die folgenden Sätze aufmerksam durch.*

➔ *Ist die Aussage inhaltlich richtig? Dann kreuze die Aussage an.*

❗ *Achtung: Du darfst jetzt nicht mehr im Text nachlesen!*

Knicke das Blatt entlang dieser Linie nach hinten.

Richtig 

		Richtig
1	Vincent van Gogh lebte in Ungarn.	
2	Seine Bilder lassen sich kaum von den Bildern anderer Maler unterscheiden.	
3	Mit kräftigen Pinselstrichen setzte er reine Farben nebeneinander.	
4	Seine Empfindungen drückte van Gogh durch intensive Farben aus.	
5	Lebensfreude oder Trübsal in seinem Leben zeigte er in seinen Bildern durch schwache Farben.	
6	Uns blieben wunderschöne Bilder der ungarischen Landschaft von ihm erhalten.	
7	Am liebsten malte van Gogh aber die berühmten Gebäude in den verschiedenen Städten Europas.	
8	Er bekam zu Lebzeiten viel Anerkennung für seine Arbeit.	
9	Sein Bruder unterstützte ihn.	
10	Den Ruhm seiner Bilder genoss er in vollen Zügen.	

Vincent van Gogh

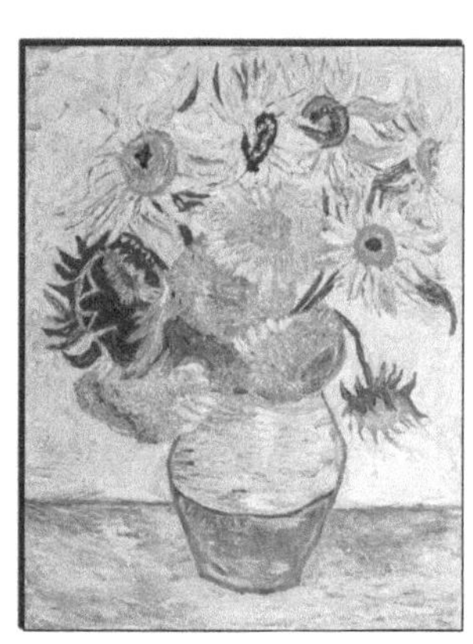

2. Lernschritt

➔ *Beantworte die folgenden Fragen zum Lesetext sinngemäß.*

➔ *Schreibe in vollständigen Sätzen.*

a) Wo und wann lebte Vincent van Gogh?

____

b) Durch wen entdeckte er die Malweise mit kräftigen Pinselstrichen reine Farben nebeneinander zu setzen? ______________________________

____

c) Was macht das Auge mit dem leichten Nebeneinander von Farben? __________

____

d) Wie zeigte er den Wechsel von Lebensfreude und Trübsal an? __________

____

e) Warum sind uns wunderschöne Bilder der holländischen Landschaft erhalten?

____

____

f) Fand van Gogh während seines Lebens Anerkennung für seine Arbeiten?

____

g) Wer begleitete ihn in seiner schweren Krankheit? ______________

____

h) In welchem Alter und Zustand starb van Gogh? ______________

____

Zusatzaufgabe

Stell dir vor, du wärst Vincent van Gogh, der plötzlich von dem Erfolg seiner Bilder erfährt. Ein Reporter (dein Mitschüler) interviewt dich für einen Zeitungsartikel. Spielt das Interview nach.

7 Astrologie und Astronomie

Kopernikus beim Beobachten der Gestirne

Planeten und Sterne faszinierten die Menschen schon immer. Sie versuchten durch ihre Beobachtungen Regelmäßigkeiten und sich wiederholende Phänomene festzustellen. Die Cheopspyramide in Ägypten und Stonehenge in England wurden vielleicht als antike Sternwarten benutzt. Die Gründer der Astrologie waren die Babylonier. Schon vor 3000 Jahren beschäftigten sie sich mit den Sternen. Sie erfanden die 12 Tierkreiszeichen, die noch heute verwendet werden. Im antiken Griechenland navigierten die Seeleute mit Hilfe der Sterne und der Sonne. 240 v. Chr. berechnete ein griechischer Mathematiker die Größe der Erde mit Hilfe der Sterne ganz genau. Die Astronomen der Antike konnten die Positionen von Planeten und Sternen mit Quadranten* und Sextanten* bestimmen. Bedeutende Astronomen im 15. und 16. Jahrhundert waren Kopernikus und Galilei. Sie haben unser Weltbild verändert. Beide stellten die Sonne und nicht die Erde in den Mittelpunkt unseres Sonnensystems. Galilei war auch der erste, der ein Fernrohr zur Himmelsbeobachtung benutzte. Er hatte ein Teleskop, dessen Linsen er selbst geschliffen hatte.

159 Wörter

**Messinstrumente, die dabei helfen, die Position von Planeten und Sternen zu bestimmen.*

1. Lernschritt

➔ *Lies die folgenden Sätze aufmerksam durch.*

➔ *Ist die Aussage inhaltlich richtig? Dann kreuze die Aussage an.*

(!) *Achtung: Du darfst jetzt nicht mehr im Text nachlesen!*

Knicke das Blatt entlang dieser Linie nach hinten.

Richtig 

1	Planeten und Sterne faszinierten die Tiere schon immer.	
2	Durch Beobachtungen versuchte man Regelmäßigkeiten und sich wiederholende Phänomene festzustellen.	
3	Die Babylonier beschäftigen sich schon vor 3000 Jahren mit den Sternen.	
4	Sie erfanden die Raumfahrtbehörde NASA.	
5	Auch Seeleute navigierten mit Hilfe der Sterne und der Sonne.	
6	Bedeutende Astronomen waren Galilei und Kopernikus.	
7	Sie vertraten die Meinung, die Erde sei eine Scheibe, um die sich die Sonne drehte.	
8	Galilei benutzte einen Computer für seine Berechnungen.	
9	Galilei benutzte auch ein Fernrohr.	
10	Er hatte ein Teleskop mit selbst geschliffenen Linsen.	

KOHL VERLAG
Wir werden Leseprofi / Klasse 6

7 Astrologie und Astronomie

2. Lernschritt

➔ *Beantworte die folgenden Fragen zum Lesetext sinngemäß.*

➔ *Schreibe in vollständigen Sätzen.*

a) Was faszinierte die Menschen schon immer? ______________________

____

b) Wozu wurden vielleicht Stonehenge und die Cheopspyramide benutzt? ______

____

c) Wer waren die Gründer der Astrologie? ______________________

____

d) Was erfanden die Babylonier, was heute noch verwendet wird? __________

____

e) Was berechnete ein griechischer Mathematiker 240 v. Chr.? __________

____

f) Wer waren im 15. und 16. Jahrhundert bedeutende Astronomen? __________

____

g) Wohin platzierten die beiden die Erde in unserem Sonnensystem? __________

____

h) Was benutzte Galileo als erster zur Himmelsbeobachtung? __________

____

Zusatzaufgabe

Astronomie und Astrologie sind zwei verschiedene Dinge. Informiere dich über diese beiden „Wissenschaften“! Worin liegt der Unterschied?

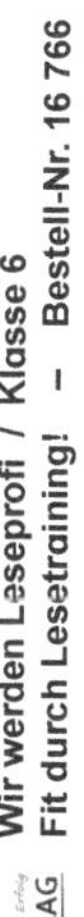

8 Toiletten

In mehreren Kulturen wurden im 3. Jahrtausend v. Chr., unabhängig voneinander, die Toilette und auch die Kanalisation erfunden. Man könnte es also als Zeitalter der Hygiene bezeichnen. Auf den Orkney-Inseln* waren in die Steinhäuser Nischen eingebaut, von denen Abzugsgräben wegführten. Im Industal, das ist im Westen des heutigen Indiens, waren Toilettennischen in die Außenwände der Häuser gesetzt. Die Fäkalien konnten über eine Abflussrinne in den Straßenkanal geleitet werden. Archäologen, die die Induskultur erforschten, waren von den damaligen sanitären Anlagen in Indien beeindruckt. Die hohe Qualität der damals verwendeten Sanitäreinrichtungen könnte einigen Nationen auch heute noch als Vorbild dienen. Eine weitere frühere Hochkultur, die minoische Kultur auf Kreta, hatte sogar eine Möglichkeit gefunden, die entstehenden unangenehmen Gerüche zu verhindern. Eine Klappe verschloss das Abflussrohr, das von der Sitztoilette zum Hauptkanal führte. Die Römer machten aus dem „stillen Örtchen" eine große Gemeinschaftseinrichtung. Öffentliche Latrinen gab es in der Nähe des Forums, an belebten Straßenkreuzungen und in den Geschäftsvierteln. Eine Latrinensteuer wurde von Kaiser Vespasian eingeführt, der den Satz prägte: „Geld stinkt nicht."

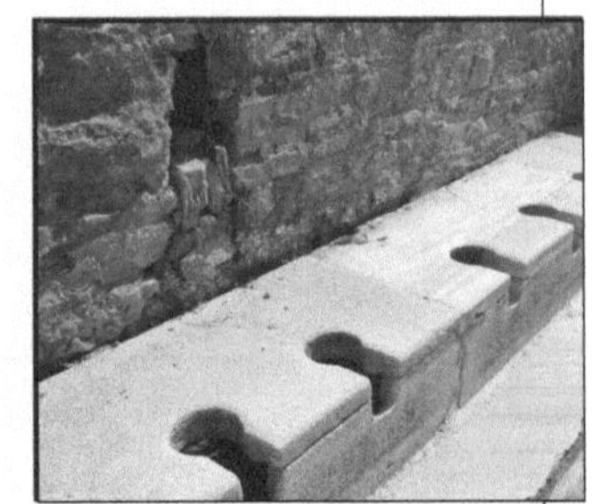

171 Wörter

**Die Orkney-Inseln liegen nördlich von Schottland*

1. Lernschritt

➔ *Lies die folgenden Sätze aufmerksam durch.*

➔ *Ist die Aussage inhaltlich richtig? Dann kreuze die Aussage an.*

(!) *Achtung: Du darfst jetzt nicht mehr im Text nachlesen!*

Knicke das Blatt entlang dieser Linie nach hinten.

Richtig 

		Richtig
1	Im 3. Jahrhundert v. Chr. wurden die Bäder und Küchen erfunden.	
2	Das 3. Jahrtausend v. Chr. könnte man wegen den Erfindungen auch als Zeitalter der Hygiene bezeichnen.	
3	Die Fäkalien konnten über eine Abflussrinne in den Straßenkanal geleitet werden.	
4	Archäologen fanden die damaligen sanitären Anlagen kaum bewundernswert.	
5	Auch heute könnten die damaligen Sanitäreinrichtungen einigen Nationen als Vorbild dienen.	
6	Auf Kreta hatte man zu dieser Zeit sogar Heißwasserboiler.	
7	Damit konnte man sich zu jeder Tageszeit warm duschen.	
8	Die unangenehmen Gerüche wurden auf Kreta durch Klappen auf den Abflussrohren verhindert.	
9	Die Römer bauten ihre Toiletten sogar mit Geräuschschutz.	
10	Kaiser Vespasian führte die Latrinensteuer ein.	

Wir werden Leseprofi / Klasse 6

8 Toiletten

Kaiser Vespasian

2. Lernschritt

➔ *Beantworte die folgenden Fragen zum Lesetext sinngemäß.*

➔ *Schreibe in vollständigen Sätzen.*

a) Was wurden im 3. Jahrtausend v. Chr. unabhängig voneinander in verschiedenen Kulturen erfunden? ______________________________

____

b) Was waren auf den Orkney-Inseln in die Steinhäuser eingebaut? __________

____

c) Wo ist das Industal? ______________________________

____

d) Wovon waren Archäologen, die die Induskultur erforschten, beeindruckt? ______

____

e) Was könnten die damaligen Sanitäreinrichtungen für einige Volker heute noch sein?

____

____

f) Wie verhinderte die minoische Kultur aus Kreta die unangenehmen Gerüche?

____

g) Was machten die Römer aus dem „stillen Örtchen“? __________________

____

h) Was führte Kaiser Vespasian bei den Römern ein? __________________

____

Zusatzaufgabe

Stell dir vor, du müsstest zu dieser Zeit leben. Welche der geschilderten Toiletteneinrichtungen würdest du bevorzugen? Begründe deine Meinung.

Wir werden Leseprofi / Klasse 6
Fit durch Lesetraining! – Bestell-Nr. 16 766

9 Inka

Ehemalige Inka-Festung „Machu-Picchu“

In den peruanischen Anden leben heute noch Nachfahren der Inkas, die Q`ero-Indianer. In diesen hohen Bergen, mit wilden Tieren und in eiskalten Winden, leben sie wie vor 500 Jahren. 4500 Meter über dem Meeresspiegel sind die Alpakas und Lamas für das Überleben des Volkes der Q`ero unerlässlich. Von klein auf helfen deshalb auch die Kinder mit, die Tiere zu hüten. Auf der kargen Weide des Dorfes grasen die Tiere und müssen ständig beaufsichtigt werden. Hier jagen Pumas und am Himmel kreisen Kondore. Diese riesigen Greifvögel stoßen vom Himmel herunter und schlagen blitz- schnell ein Lama-Baby. Beim Hüten können die Kinder auf den traditionellen Webrahmen Wollstoffe herstellen, aus denen die Kleidung, Taschen und Decken der Inkanachkommen gefertigt werden. Da die Tiere der wertvollste Besitz der Menschen im Hochland sind, gibt es Fleisch nur an Festtagen. Die Nahrung besteht hauptsächlich aus Kartoffeln und Mais. Fließendes Wasser liefert der nächste Gebirgsbach und die Häuser haben keinen Strom. Das Leben ist nicht einfach für die Menschen hier.

162 Wörter

1. Lernschritt

➔ *Lies die folgenden Sätze aufmerksam durch.*

➔ *Ist die Aussage inhaltlich richtig? Dann kreuze die Aussage an.*

(!) *Achtung: Du darfst jetzt nicht mehr im Text nachlesen!*

- -

Knicke das Blatt entlang dieser Linie nach hinten.

Richtig 

		Richtig
1	In den peruanischen Anden leben heute noch Nachfahren der Inkas.	
2	Sie leben in diesen Bergen wie vor 500 Jahren.	
3	Die Kinder helfen von klein auf mit, die Schweine zu füttern.	
4	Da Kondore gerne die Hühner schlagen, werden die Hühner in Hühnerhäusern eingesperrt.	
5	Die Kinder stellen an riesigen elektrischen Webmaschinen ihre Wollstoffe her.	
6	Die Taschen und Decken werden an Touristen verkauft.	
7	Fleisch gibt es nur an Festtagen, da die Tiere der wertvollste Besitz der Menschen im Hochland sind.	
8	Die Nahrung besteht deshalb hauptsächlich aus Nudeln und Salat.	
9	Mais und Kartoffeln sind die hauptsächliche Nahrung.	
10	Die Häuser haben keinen Strom.	

Wir werden Leseprofi / Klasse 6
KOHL VERLAG

9 Inka

2. Lernschritt

➔ *Beantworte die folgenden Fragen zum Lesetext sinngemäß.*

➔ *Schreibe in vollständigen Sätzen.*

a) Wer sind die Q`ero-Indianer und wo leben sie? ____________________

____

b) Was ist für das Überleben der Q`ero unerlässlich? ____________________

____

____

c) Wer hütet die Tiere? ____________________

____

d) Wieso müssen die Tiere ständig beaufsichtigt werden? ____________________

____

____

e) Was wird auf den traditionellen Webrahmen hergestellt? ____________________

____

____

f) Warum gibt es nur an Festtagen Fleisch? ____________________

____

g) Woher kommen fließendes Wasser und Strom? ____________________

____

Zusatzaufgabe

Für die Q'ero-Indianer sind ihre Tiere der wertvollste Besitz. Sie liefern ihnen Milch, Wolle und Fleisch. Was ist für dich in heutiger Zeit der weltvollste Besitz? Wieso ist dies dir so wichtig? Begründe.

Wir werden Leseprofi / Klasse 6
Fit durch Lesetraining! – Bestell-Nr. 16 766

10 Der Mond

Er umrundet die Erde in 27,3 Tagen einmal. Der Mond ist eine Felskugel ohne Lufthülle, weshalb kein Leben auf dem Mond möglich ist. Der Mond hat einen Durchmesser von 3476 km. Man müsste 81 Monde auf eine Waage legen, um das Gewicht der Erde zu erreichen. Auf der Sonnenseite hat der Mond eine Temperatur von 100°C, auf der Schattenseite bleibt es bei minus 170°C. Ebbe und Flut wird durch den Mond mitbewirkt. Die Schwerkraft von Sonne und Mond lässt auf den Weltmeeren zwei Flutberge entstehen. Durch die Erddrehung unter den Flutbergen hindurch entsteht zweimal am Tag Ebbe und Flut. Die Mondoberfläche ist mit Kratern übersät. Die meisten wurden von Meteoriten verursacht, die vor etwa 3 bis 4 Milliarden Jahren auf dem Mond eingeschlagen sind. Am 20. Juli 1969 setzte der erste Mensch einen Fuß auf den Mond. Das Apollo-Programm der Amerikaner war erfolgreich gewesen. Die Flagge, die sie hissten, musste mit einem Draht gespannt werden, weil auf dem Mond kein Wind weht.

164 Wörter

1. Lernschritt

➔ *Lies die folgenden Sätze aufmerksam durch.*

➔ *Ist die Aussage inhaltlich richtig? Dann kreuze die Aussage an.*

(!) *Achtung: Du darfst jetzt nicht mehr im Text nachlesen!*

Knicke das Blatt entlang dieser Linie nach hinten.

Richtig 

		Richtig
1	Der Mond umrundet die Erde in 27,3 Tagen einmal.	
2	Auf dem Mond ist kein Leben möglich.	
3	Der Mond ist zehnmal schwerer als die Erde.	
4	Auf dem Mond wird es 900°C warm.	
5	Ebbe und Flut werden durch den Mond mitbewirkt.	
6	Die Mondoberfläche ist mit Seen übersät.	
7	Die Krater auf dem Mond wurden durch Meteoriten verursacht.	
8	1969 setzte der erste Mensch einen Fuß auf den Mond.	
9	Die Flagge der Amerikaner musste mit einem Draht gespannt werden.	
10	Auf dem Mond weht starker Wind.	

10 **Der Mond**

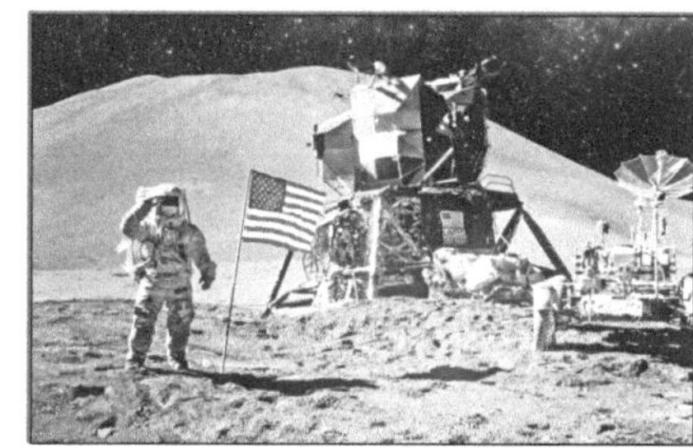

2. Lernschritt

➔ *Beantworte die folgenden Fragen zum Lesetext sinngemäß.*

➔ *Schreibe in vollständigen Sätzen.*

a) Weshalb ist auf dem Mond kein Leben möglich? ____________________

____

b) Wie viele Monde müsste man auf eine Waage legen, um das Gewicht der Erde zu erreichen?

____

____

c) Was macht die Schwerkraft von Sonne und Mond? ____________________

____

d) Wodurch wurden Krater auf dem Mond verursacht? ____________________

____

____

e) Was geschah am 20. Juli 1969? ____________________

____

f) Was war erfolgreich gewesen? ____________________

____

g) Wieso musste die Flagge der Amerikaner mit einem Draht gespannt werden?

____

____

Zusatzaufgabe

Weißt du näheres über den Mond? Erkundige dich im Internet über den Erdbegleiter, über die Apollo-Mission der Amerikaner 1969 sowie über aktuelle neue Mondmissionen.

KOHL VERLAG Wir werden Leseprofi / Klasse 6 Fit durch Lesetraining! – Bestell-Nr. 16 766

11 Dinosaurier

Die „furchtbaren Echsen“, wie ihr Name übersetzt heißt, lebten die lange Zeit von 160 Millionen Jahren auf unserer Erde. Was vor ca. 60 Mio. Jahren zu ihrem Aussterben führte, ist immer noch nicht sicher. Klar ist, dass das Zeitalter der Säugetiere begann. Haben die warmblütigen kleinen Nager die Dinosauriereier gefressen? Oder waren sie gegenüber den schwerfälligen, wechselwarmen Echsen einfach im Vorteil? Wissenschaftler beschäftigt diese Frage immer wieder. Lange dachte man, dass ein riesiger Meteorit auf die Erde gefallen sei und das Erdklima stark abkühlte. Fehlte den riesigen Tieren die Nahrung, weil sie sich stark vermehrt hatten? Als die Dinosaurier die Erde beherrschten, bewohnten sie jeden Lebensraum. Es gab sie im Wasser, auf dem Land und in der Luft. Jede Größe war vertreten. Einige Arten waren hühnergroß, der bekannte Brontosaurus war 20 m lang. Tyrannosaurus Rex war ein gefährlicher Fleischfresser, der Diplodocus ernährte sich ausschließlich von Pflanzen. Die große Artenvielfalt und ihr langes Bestehen auf der Erde machen die Dinosaurier auch heute noch für uns interessant.

166 Wörter

1. Lernschritt

➔ *Lies die folgenden Sätze aufmerksam durch.*

➔ *Ist die Aussage inhaltlich richtig? Dann kreuze die Aussage an.*

Achtung: Du darfst jetzt nicht mehr im Text nachlesen!

Knicke das Blatt entlang dieser Linie nach hinten.

Richtig 

		Richtig
1	Dinosaurier heißt übersetzt „fruchtbare Echsen“.	
2	Es ist sicher, dass vor ca. 60 Mio. Jahren die Dinosaurier ausstarben.	
3	Es ist nicht vollständig klar, warum die Dinosaurier ausstarben.	
4	Man vermutet, dass die kleinen Echsen z.B. die Dinosauriereier gefressen hatten.	
5	Lange dachte man, dass ein Meteorit auf die Erde gefallen war und das Erdklima abgekühlt war.	
6	Als die Dinosaurier die Erde beherrschten, bewohnten sie jeden Lebensraum.	
7	Sie waren nur auf dem Wasser zu finden.	
8	Dinosaurier waren alle um die vier Meter groß.	
9	Der Tyrannosaurus Rex war ein eifriger Pflanzenfresser.	
10	Der Diplodocus ernährte sich von viel Fleisch.	

11 Dinosaurier

2. Lernschritt

➔ *Beantworte die folgenden Fragen zum Lesetext sinngemäß.*

➔ *Schreibe in vollständigen Sätzen.*

a) Wie heißt der Name Dinosaurier übersetzt? ____________________

____

b) Was ist heute immer noch nicht sicher? ____________________

____

c) Was vermutet man über die kleinen warmblütigen Nager und die Dinosauriereier?

____

____

d) Was vermutete man, dass zum Abkühlen des Erdklimas führte? __________

____

____

e) Wo wohnten die Dinosaurier, als sie die Erde beherrschten? __________

____

f) Was fraßen der Tyrannosaurus Rex und der Diplodocus? __________

____

____

g) Was bewirken Artenvielfalt und das lange Bestehen der Dinosauriere heute noch?

____

Zusatzaufgabe

Sucht euch fünf verschiedene Dinosaurierarten aus. Teilt euch in fünf Gruppen auf. Jede Gruppe informiert sich über eine dieser Arten und stellt sie anschließend den anderen Gruppen in der Klasse vor.

Wir werden Leseprofi / Klasse 6
Fit durch Lesetraining! – Bestell-Nr. 16 766

12 Krieg gegen Karthago

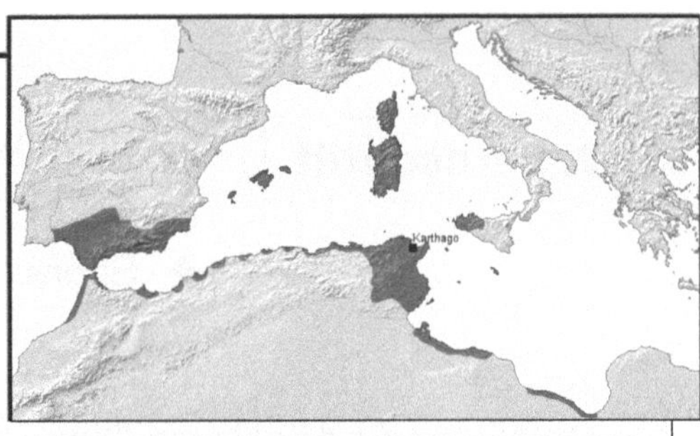
Machtbereich der Karthager um 264 v. Chr.

Alles fing damit an, dass Römer gegen die Karthager Krieg führten. Die Karthager waren kein kriegerisches Volk und hatten deswegen keine Armeen, um sich zu schützen. Aber sie waren sehr erfolgreiche Händler und konnten sich deshalb Söldner kaufen, die für sie kämpften. Diese Söldner hatten Schiffe und konnten so die Römer schneller und besser angreifen. Den Römern gefiel das gar nicht, sie bauten sich deswegen im Gegenzug auch Schiffe. Aber leider waren die Römer nicht so begabt und erfahren im Führen von Seeschlachten, wodurch sie erst einmal jede dieser Schlachten verloren. Schließlich beschlossen sie, eine völlig neue Taktik anzuwenden. Sie bauten Enterplanken, welche die beiden Schiffe miteinander verbinden sollten. Auf diesen Planken kämpften sie nun Mann gegen Mann mit ihren Schwertern. Somit waren die Probleme der Seeschlachten gelöst und die Römer schlugen die karthagischen Söldner in die Flucht. So konnten die Römer bald danach Karthago und alle dazugehörigen Länder erobern. Bald danach eroberten sie nach und nach den gesamten restlichen Bereich des Mittelmeerraumes.

166 Wörter

1. Lernschritt

➔ *Lies die folgenden Sätze aufmerksam durch.*

➔ *Ist die Aussage inhaltlich richtig? Dann kreuze die Aussage an.*

(!) *Achtung: Du darfst jetzt nicht mehr im Text nachlesen!*

Knicke das Blatt entlang dieser Linie nach hinten.

Richtig 

		Richtig
1	Die Karthager waren ein sehr kriegerisches Volk und hatten deshalb eine große Armee.	
2	Die Karthager konnten sich Söldner kaufen, die für sie kämpften.	
3	Die Römer hatten viele Schiffe und griffen damit die Araber an.	
4	Die Römer waren nicht so begabt im Führen von Seeschlachten.	
5	Die Römer beschlossen, eine neue Taktik anzuwenden.	
6	Sie bauten Enterplanken, die die Schiffe miteinander verbinden sollten.	
7	Auf diesen Podesten ließen sie nun Hunde gegeneinander kämpfen.	
8	Der Hund, der zuerst ins Wasser fiel, brachte seinen Besitzern die Niederlage ein.	
9	Die Römer hatten nie die Gelegenheit, Karthago erobern zu können.	
10	Die Römer eroberten bald danach den gesamten Mittelmeerraum.	

12 Krieg gegen Karthago

2. Lernschritt

➔ *Beantworte die folgenden Fragen zum Lesetext sinngemäß.*

➔ *Schreibe in vollständigen Sätzen.*

a) Wieso hatten die Karthager keine eigenen Armeen? ______________________

____

b) Was für einen Beruf übten die Karthager aus? ______________________

____

c) Was hatten die Söldner, um die Römer schneller und besser angreifen zu können?

____

____

d) Wieso verloren die Römer jede dieser Schlachten? ______________________

____

____

e) Was war die Taktik der Römer, um endlich auch Schlachten auf See zu gewinnen?

____

____

f) Was eroberten die Römer bald nach Karthago? ______________________

____

____

Zusatzaufgaben

- *Informiere dich zusammen mit deinem Tischnachbarn in Lexika oder im Internet über die Kriege zwischen den Karthagern und den Römern.*
- *Verfasst einen Bericht von einer ersten erfolgreichen Seeschlacht der Römer, bei der die Enterplanken erstmals eingesetzt wurden.*

Wir werden Leseprofi / Klasse 6 – Fit durch Lesetraining! – Bestell-Nr. 16 766
KOHL VERLAG

13 Seide

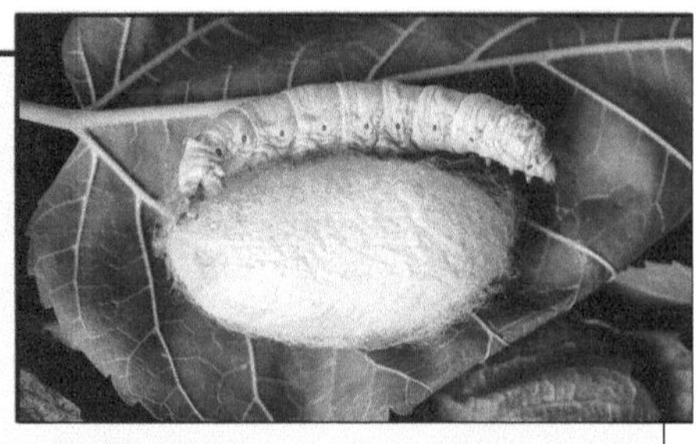

Das begehrteste Material für Kleidung war im Altertum die Seide. Der Seidenfaden stammt vom Kokon der Seidenraupe. Diese verpuppt sich und spinnt sich im Kokon aus Seide ein. Mit Hitze wird die Puppe abgetötet und der Seidenfaden abgewickelt. Mehrere dieser hauchdünnen Fäden werden zu einem Seidenfaden versponnen, der dann verwoben werden kann. Die Seidenweberei wurde in China erfunden. Es sind so viele Funde aus der Zeit zwischen 1500 - 1000 v. Chr. datiert, dass hier von einer professionellen Seidenraupenzucht gesprochen werden kann. In dieser Zeit gab es schon einen regen Seidenhandel, der sich bis Ägypten erstreckte. Es war unter Todesstrafe verboten, das Geheimnis der Seidenraupenzucht zu verraten. Erst 552 n. Chr. wurden einige Seidenraupen in hohlen Bambusstäben nach Konstantinopel gebracht. Bald fanden muslimische Handwerker die Geheimnisse der Zucht heraus. Sie stellten Seidengewebe von hoher Qualität her, die bis nach Europa geliefert wurden. Es wurden Reliquien darin eingeschlagen. Später stellte sich heraus, dass der geheiligte Text La Ilaha illa Allah *(Es gibt keinen Gott außer Allah.)* zuvor in die Seide eingewebt worden war.

172 Wörter

1. Lernschritt

➔ *Lies die folgenden Sätze aufmerksam durch.*

➔ *Ist die Aussage inhaltlich richtig? Dann kreuze die Aussage an.*

(!) *<u>Achtung</u>: Du darfst jetzt nicht mehr im Text nachlesen!*

Knicke das Blatt entlang dieser Linie nach hinten.

Richtig 

1	Im Altertum war das begehrteste Material für Kleidung die Seide.	
2	Der Seidenfaden wird von einer Spinne produziert, deren Faden für ihre Netze man sammelt.	
3	Die Spinne wird zuvor mit Gas betäubt.	
4	Die Seidenweberei wurde in China erfunden.	
5	In dieser Zeit konnte man schon von einer professionellen Seidenraupenzucht sprechen.	
6	Der Seidenhandel ging bis nach Ägypten.	
7	Das Geheimnis der Seidenraupenzucht durfte unter Todesstrafe nicht verraten werden.	
8	Christliche Handwerker fanden das Geheimnis der Seidenraupenzucht heraus.	
9	Die muslimischen Handwerker stellten Seide von hoher Qualität her, die bis nach Europa geliefert wurde.	
10	In diese kostbare Seide wurde zuvor der Text: „Es gibt keinen Gott außer Allah“ eingewebt.	

13 # Seide

2. Lernschritt

➔ *Beantworte die folgenden Fragen zum Lesetext sinngemäß.*

➔ *Schreibe in vollständigen Sätzen.*

a) Was war im Altertum das begehrteste Material für Kleidung? ____________

____

b) Was macht die Seidenraupe, um den Seidenfaden zu produzieren? ____________

____

c) Wo wurde die Seidenweberei erfunden? ____________

____

d) Wieso ist man sich sicher, dass man zu der Zeit von 1500 - 1000 v. Chr. schon von professioneller Seidenzucht sprechen konnte?

____

____

e) Was war unter Todesstrafe verboten? ____________

____

f) Wie wurden die Seidenraupen schließlich nach Konstantinopel gebracht?

____

g) Wozu wurde die Seide benutzt, die nach Europa geliefert wurde? ____________

____

h) Was war in die Seide eingewebt worden? ____________

____

Zusatzaufgabe *Informiert euch über die heutige Form der Seidenraupenzucht.*

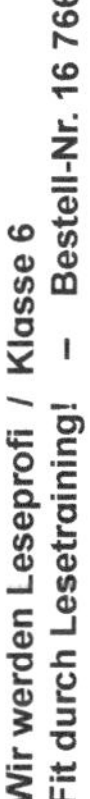

Wir werden Leseprofi / Klasse 6
Fit durch Lesetraining! – Bestell-Nr. 16 766

14 Vor Wut ...

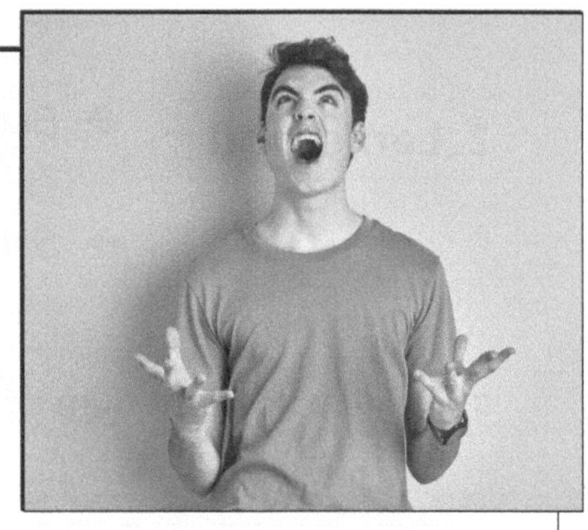

Vor Wut schäumen, die Decke hoch gehen, rot sehen, in die Luft gehen oder einen richtig dicken Hals kriegen – das kennt jeder, der schon mal richtig wütend war. Wer richtig ausrastet, kann schon mal mit Gegenständen schmeißen oder darauf herumtrommeln. Dabei kann man sich und andere verletzen, dies ist also keine so sinnvolle Weise, mit seiner Wut zurechtzukommen. Aber allen Ärger in sich hineinzufressen, ist auch falsch, denn das kann sogar krank machen. Eigentlich sind Ärger und Wut keine negativen Gefühle, denn sie geben uns die Kraft, Dinge zu verändern und uns für eine Sache einzusetzen. Sie geben uns Mut zu streiten, wenn wir uns ungerecht behandelt fühlen. Aber diese Energie müssen wir richtig nutzen. Um nicht zu explodieren kann man tief durchatmen und in Gedanken bis zwanzig zählen. Oder man rennt, tanzt oder turnt herum. Bewegung baut die „Wuthormone“ wieder ab. Denn mit klarem Kopf kann man seine Argumente besser wählen und seinem Gegenüber richtig die Meinung sagen. Wenn dabei nur das Herz nicht so wild klopfen würde!

171 Wörter

1. Lernschritt

➔ *Lies die folgenden Sätze aufmerksam durch.*

➔ *Ist die Aussage inhaltlich richtig? Dann kreuze die Aussage an.*

 *Achtung: Du darfst jetzt nicht mehr im Text nachlesen!*

- -

Knicke das Blatt entlang dieser Linie nach hinten.

Richtig 

1	Kaum einer kennt es, vor Wut an die Decke zu gehen.	
2	Wer richtig ausrastet, kann schon einmal mit Gegenständen schmeißen.	
3	Sinnvoll ist das Schmeißen von Gegenständen nicht, denn dabei kann man sich oder andere verletzen.	
4	Wer mit seiner Wut zurechtkommen will, der sollte sie in sich hineinfressen.	
5	Besser ein paar Pfunde mehr, als Wut im Bauch.	
6	Ärger und Wut geben uns Kraft, Dinge zu verändern.	
7	Wenn wir uns ungerecht behandelt fühlen, geben uns Wut und Ärger auch den Mut, uns zu streiten.	
8	Man kann bis 3000 zählen, um nicht zu explodieren.	
9	Bewegung baut die Wuthormone ab.	
10	Mit einem klaren Kopf kann man die Argumente besser wählen und seinem Gegenüber so richtig die Meinung sagen.	

14 Vor Wut ...

2. Lernschritt

➔ *Beantworte die folgenden Fragen zum Lesetext sinngemäß.*

➔ *Schreibe in vollständigen Sätzen.*

a) Was macht jemand, wenn er einmal so richtig ausrastet? ______________________

____

b) Wieso ist das Schmeißen von Gegenständen keine sinnvolle Weise, mit seiner Wut zurechtzukommen? ______________________

____

c) Wieso ist es falsch, allen Ärger in sich hineinzufressen? ______________________

____

d) Wieso sind Ärger und Wut eigentlich keine negativen Gefühle? ______________________

____

____

e) Die Energie, die uns die Wut gibt, sollte man richtig nutzen. Was kann man also tun, um nicht zu explodieren? ______________________

____

f) Was baut „Wuthormone" wieder ab? ______________________

____

g) Warum sollte man einen klaren Kopf haben, wenn man seinem Gegenüber entgegentritt? ______________________

____

Zusatzaufgabe *Schreibe auf, wie du dich fühlst, wenn du wütend bist.*

15 Queen Mary II

Sie ist ein Passagierdampfer der Superlative. Für 870 Millionen Euro wurde dieses Schiff auf einer französischen Werft gebaut. In nur zwei Jahren Bauzeit wurde der Ozeanriese fertiggestellt. Die Queen Mary II fährt die Linie England – New York. Sie fährt diese Strecke mit 30 Knoten Geschwindigkeit, das sind 56 km pro Stunde. Dafür haben die Maschinen eine Leistung von 157.000 PS. In 1310 Kabinen können 2620 Passagiere untergebracht werden. Sie werden von einer 1254 Mann starken Besatzung betreut. Das Schiff ist ein schwimmendes Wunderwerk. Auf insgesamt 5000 Treppenstufen bringen es alle Treppen der Queen Mary. Wer den Kölner Dom besteigt, muss „lediglich" 509 Stufen erklimmen. Eine dieser Treppen führt zum „Royal Court Theatre", einer Bühne, auf der man den 1100 Zuschauern jeden Abend Musicals, Shows und Theaterstücke präsentieren kann. Auf drei Swimming Pools an Deck können die Gäste im Freien baden. Sogar dann, wenn die Fahrt durch den eiskalten Nordatlantik geht. Man muss sich diesen Luxus aber auch leisten können. Die größte Suite mit 209 Quadratmetern kostet pro Fahrt und pro Person 20.000 Euro. Selbst die „billigen Plätze" kosten um 1300 Euro.

181 Wörter

1. Lernschritt

➔ *Lies die folgenden Sätze aufmerksam durch.*

➔ *Ist die Aussage inhaltlich richtig? Dann kreuze die Aussage an.*

 *<u>Achtung</u>: Du darfst jetzt nicht mehr im Text nachlesen!*

- -

Knicke das Blatt entlang dieser Linie nach hinten.

Richtig 

1	Dieses Schiff wurde auf einer französischen Werft gebaut.	
2	In nur sieben Jahren wurde dieses Schiff gebaut.	
3	Die Queen Mary II fährt die Linie von England nach Indien.	
4	Das Schiff fährt mit 56 km pro Stunde.	
5	In den 4000 Kabinen können 2000 Passagiere untergebracht werden.	
6	Die Fahrgäste werden von einer 1254 Mann starken Besatzung betreut.	
7	Die Queen Mary II hat mehr Treppenstufen als der Kölner Dom, nämlich 5000.	
8	Auf der schiffseigenen Bühne kann man 1100 Zuschauern jeden Abend Musicals, Shows und Theaterstücke präsentieren.	
9	Das Schiff hat sieben Swimming Pools.	
10	Die „billigsten" Plätze kosten um die 1300 Euro.	

15 Queen Mary II

2. Lernschritt

➔ *Beantworte die folgenden Fragen zum Lesetext sinngemäß.*

➔ *Schreibe in vollständigen Sätzen.*

a) Wo wurde das Schiff Queen Mary II gebaut? ______________________________

____

b) Welche Linie fährt das Schiff jetzt? ______________________________

____

c) Welche Leistung haben die Schiffsmotoren, um 56 km pro Stunde fahren zu können?

____

____

d) Wieso ist die Queen Mary II ein schwimmendes Wunderwerk? ______________

____

e) Wie viele Pools hat die Queen Mary II? ______________________________

____

f) Wodurch führt die Fahrt der Queen Mary II? ______________________________

____

g) Was kostet die Fahrt pro Person in der größten Suite von 209 Quadratmetern?

____

h) Welche Plätze kosten 1300 €? ______________________________

____

Zusatzaufgabe

Erfinde deine eigene Urlaubsgeschichte, die du auf der „Queen Mary II" erlebst.

KOHL VERLAG Wir werden Leseprofi / Klasse 6 Fit durch Lesetraining! – Bestell-Nr. 16 766

16 Streitschlichter

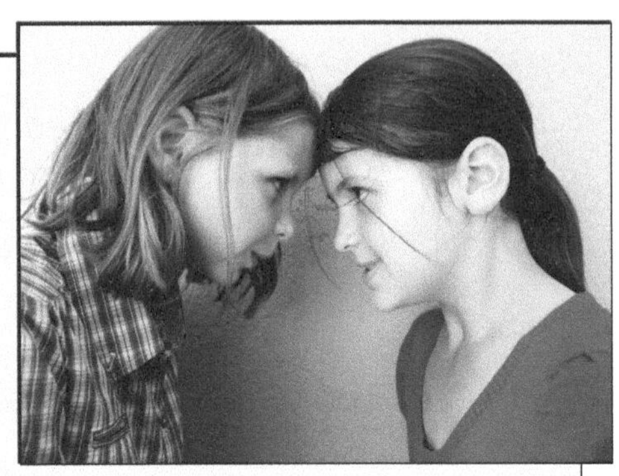

An vielen Schulen werden sie ausgebildet, um Streitenden einen Weg anzubieten, wieder miteinander auszukommen. Die Streitschlichter haben oft einen eigenen Raum, in dem sie in der Pause auf „Kundschaft“ warten. Michaela und Nikola sind so ein Fall. Sie ärgern sich schon die ganze Woche und haben sich heute auch wüst beschimpft und geschubst. Ein gängiger Fall in der Streitschlichterpraxis. Ziel der Schlichtung ist nun, dass beide als Gewinner aus dem Gespräch herausgehen. Es soll also eine Lösung gefunden werden, die von beiden getragen wird und die auch von den beiden kommen soll. Dafür werden, nachdem Michaela und Nikola sich mit den Regeln einverstanden erklärt haben, die Ereignisse aus ihrer Sicht geschildert. Niemand darf unterbrechen oder beschimpfen. Der Streitschlichter fasst je eine Variante der Erzählung zusammen, um sicher zu gehen, dass er alles richtig verstanden hat. Heraus kommt bei den beiden, dass sie schon lange aufeinander eifersüchtig sind, aber nicht darüber reden konnten. Als Wiedergutmachung wollen die beiden zusammen Eis essen gehen. Dieser Fall ist selbstverständlich erfunden, denn kein Streit, der den Schlichtern vorgetragen wurde, darf weitererzählt werden.

179 Wörter

1. Lernschritt

➔ *Lies die folgenden Sätze aufmerksam durch.*

➔ *Ist die Aussage inhaltlich richtig? Dann kreuze die Aussage an.*

 *Achtung: Du darfst jetzt nicht mehr im Text nachlesen!*

Knicke das Blatt entlang dieser Linie nach hinten.

Richtig 

1	Streitschlichter werden ausgebildet, um den Lehrern eine Möglichkeit zu geben, mit den Schülern reden zu können.	
2	Streitschlichter haben oft einen eigenen Raum.	
3	Michaela und Nikola sind die dicksten Freunde.	
4	Vorgestern haben sie sich auf dem Schulhof geprügelt und mit Sand beworfen.	
5	Ziel der Streitschlichtung ist es, dass beide als Gewinner aus dem Gespräch herausgehen.	
6	Jeder der Streitenden muss sich mit den Streitschlichterregeln einverstanden erklären.	
7	Danach darf jeder seine Version der Geschichte erzählen.	
8	Der Streitschlichter fasst je eine Version der Ereignisse zusammen.	
9	Als Wiedergutmachung müssen die beiden gemeinsam den Pausenhof fegen.	
10	Der Streitschlichter hat den Fall von Michaela und Nikola seinem besten Freund erzählt.	

16 Streitschlichter

2. Lernschritt

➔ *Beantworte die folgenden Fragen zum Lesetext sinngemäß.*

➔ *Schreibe in vollständigen Sätzen.*

a) Wieso werden an vielen Schulen Streitschlichter ausgebildet? ______________

____

____

b) Wieso haben Streitschlichter in den Schulen häufig einen eigenen Raum?

____

c) Was ist zwischen Michaela und Nikola vorgefallen? ______________

____

d) Was ist das Ziel eines Streitschlichtergesprächs? ______________

____

____

e) Was macht der Streitschlichter mit den Erzählungen der beiden? ______________

____

____

f) Was wollen die beiden als Wiedergutmachung tun? ______________

____

g) Wieso ist der Fall von Michaela und Nikola selbstverständlich erfunden?

____

____

Zusatzaufgabe

Haltet ihr es für sinnvoll, Streitschlichter in eurer Schule zu haben oder einzuführen? Diskutiert in der Gruppe.

Wir werden Leseprofi / Klasse 6
Fit durch Lesetraining! – Bestell-Nr. 16 766

17 Der Wilde Westen

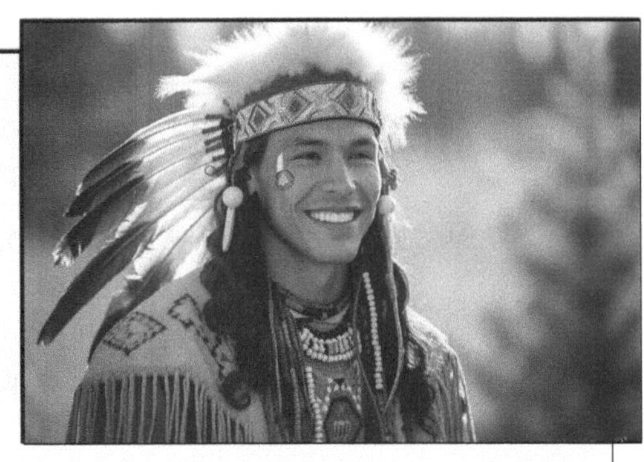

Mein Vetter Helmut war neun Jahre alt, ich zwei Jahre älter. Wir verschlangen die Bücher von Karl May. Der Wilde Westen war unser Spielterrain, sowohl im Wohnzimmer als auch im Garten unseres Hauses. Für uns stand fest, wir würden Trapper, Westmänner, so wie Old Shatterhand. Wir wollten Seite an Seite mit befreundeten Indianerhäuptlingen durch die Prärie streifen, am Lagerfeuer Bärentatzen essen und auf Pferderappen sitzen, die wir selbst gefangen und zugeritten hatten. Für unser lang gespartes Taschengeld kauften wir bunte Perlen, die wir zu fremden Stämmen als Geschenke mitbringen wollten. Statt auf einem richtigen Pferd voltigierten* wir auf unseren Fahrrädern, sprangen während der Fahrt rauf und runter, wie richtige Indianer. Wir sprachen den ganzen Tag über unser Ziel und träumten nachts davon. Später interessierten wir uns auch fürs Wilde Kurdistan, für die Landschaften zwischen Euphrat und Tigris, für alte Städte und Kara Ben Nemsi und Hadschi Halef Omar ... Und was ist aus uns geworden? Helmut saß sein Leben lang brav am Schreibtisch einer großen Versicherungsgesellschaft und ich erlernte einen Handwerksberuf. Und beide waren wir, weitab von unseren kindlichen Gedanken, glücklich mit unseren Familien.

189 Wörter

****voltigieren = auf dem (galoppierenden) Pferd turnen***

1. Lernschritt

➔ *Lies die folgenden Sätze aufmerksam durch.*

➔ *Ist die Aussage inhaltlich richtig? Dann kreuze die Aussage an.*

 *Achtung: Du darfst jetzt nicht mehr im Text nachlesen!*

- -

Knicke das Blatt entlang dieser Linie nach hinten.

Richtig 

Nr.	Aussage	Richtig
1	Mein Vetter war elf Jahre alt.	
2	Wir verschlangen die Bücher von Karl Meier.	
3	Wir stellten uns vor, reiche Ölscheichs zu werden.	
4	Wir wollten mit befreundeten Indianerhäuptlingen durch die Prärie streifen.	
5	Wir wollten Pferde auf einer Koppel vor den Wagen spannen.	
6	Von unserem Taschengeld kauften wir bunte Perlen, um sie als Geschenke fremden Stämmen mitzubringen.	
7	Wir voltigierten nicht auf richtigen Pferden, sondern auf unseren Fahrrädern.	
8	Nachts träumten wir von Schokoladenkuchen.	
9	Später interessierten wir uns auch für das wilde Kurdistan.	
10	Helmut wurde später Lehrer.	

KOHL VERLAG – Wir werden Leseprofi / Klasse 6

17

Der Wilde Westen

2. Lernschritt

➔ *Beantworte die folgenden Fragen zum Lesetext sinngemäß.*

➔ *Schreibe in vollständigen Sätzen.*

a) Wie alt waren mein Vetter Helmut und ich? ______________________

____

b) Wessen Bücher verschlangen wir? ______________________

____

c) Was stand für uns als Kinder fest, dass wir werden wollten? ______________

____

d) Was machten wir mit unserem lang gesparten Taschengeld? ______________

____

____

e) Was machten wir mir unseren Fahrrädern? ______________________

____

f) Wofür interessierten wir uns auch später noch? ______________________

____

____

g) Was wurde aus Helmut denn tatsächlich? ______________________

____

h) Wo waren wir beide letztendlich glücklich? ______________________

____

Zusatzaufgabe

Gibt es Geschichten aus Büchern, für die du dich begeisterst? Erzähle.

18 Klassenfahrt *(Teil 1)*

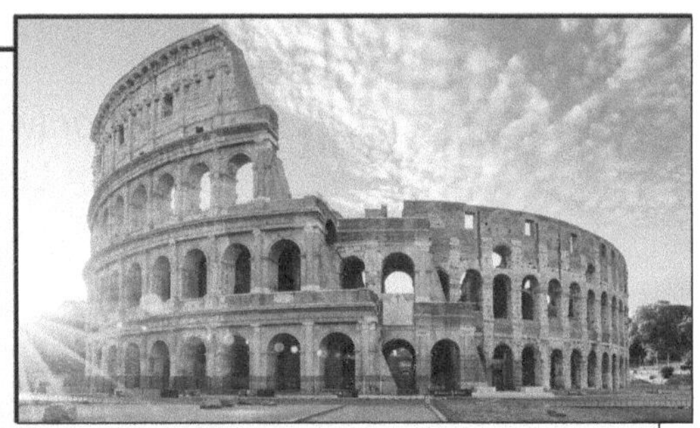
Das Kolosseum in Rom

Endlich war es so weit, wir starteten unsere Klassenfahrt nach Rom. In die schönste Stadt der Welt – so hatte Frau Hellmann, unsere Klassenlehrerin geschwärmt. Wir mussten mit dem Bus fahren, da fliegen oder mit der Bahn fahren einfach zu teuer war. Es war sechs Uhr früh am Montag morgen. Ich saß neben Leonie. Wir hatten die Sitzplätze ausgelost. Wir waren genau 22 Schüler in der Klasse, 11 Mädchen und 11 Jungen. Da die Jungen nicht wollten, dass die Mädchen alle zusammenhockten, war die Idee mit der Auslosung entstanden. Ich hätte viel lieber neben Anna gesessen, die mochte ich sehr. Aber – nun ja, was nicht ist, kann ja noch kommen. Wir hatten uns sehr intensiv auf dieses große Erlebnis in Italiens Hauptstadt vorbereitet. Wir hatten gelesen, Videos geschaut, Aufsätze geschrieben und im Internet gesurft. Gegen 17 Uhr waren wir in Riva an der Nordspitze des Gardasees. Hier, in einer Jugendherberge, wollten wir übernachten. Wir bekamen ein leckeres Abendessen und um 22 Uhr war Nachtruhe angesagt. Am nächsten Morgen starteten wir wieder sehr früh und fuhren an vielen bekannten Städten vorbei immer weiter nach Süden in Richtung Rom. Um 18 Uhr erreichten wir dort unser Jugendhotel. Wir packten aus und nach einem sehr leckeren Abendessen machten wir einen ersten kleinen Erkundungsgang durch ‚unseren' Bezirk.

213 Wörter

**voltigieren = auf dem (galoppierenden) Pferd turnen*

1. Lernschritt

➔ *Lies die folgenden Sätze aufmerksam durch.*
➔ *Ist die Aussage inhaltlich richtig? Dann kreuze die Aussage an.*

(!) *Achtung: Du darfst jetzt nicht mehr im Text nachlesen!*

Knicke das Blatt entlang dieser Linie nach hinten.

		Richtig X
1	Die Klassenfahrt führte nach Berlin.	
2	Sie starteten morgens um sechs Uhr.	
3	Es gab 10 Jungen und 12 Mädchen in der Klasse.	
4	Die Klassenlehrerin hieß Frau Hellmann.	
5	Am ersten Tag endete die Reise in Riva am Lago Maggiore.	
6	Abends schliefen sie in einem Vier-Sterne-Hotel direkt am See.	
7	Am nächsten Tag fuhren sie nur bis Florenz.	
8	Abends um 18 Uhr erreichten sie Rom.	
9	Nach dem Abendessen im Jugendhotel in Rom gingen alle sofort schlafen.	
10	Das Abendessen fiel aus, da der Koch erkrankt war.	

18 Klassenfahrt *(Teil 1)*

2. Lernschritt

➔ *Beantworte die folgenden Fragen zum Lesetext sinngemäß.*

➔ *Schreibe in vollständigen Sätzen.*

a) Wovon hatte unsere Klassenlehrerin Frau Hellmann geschwärmt?

b) Warum flogen wir nicht nach Rom?

c) Wieso saß ich neben Leonie?

d) Warum war die Idee mit der Auslosung entstanden?

e) Wie hatten wir uns auf das große Erlebnis in Italiens Hauptstadt vorbereitet?

f) Wann starteten wir am nächsten Morgen nach unserer Übernachtung am Gardasee?

g) Was machten wir nach dem Auspacken und einem sehr leckeren Abendessen?

Zusatzaufgabe

Wie fühlst du dich, wenn du dich auf eine Klassenfahrt vorbereitest? Was gibt es alles zu tun? Schreibe auf.

19 Klassenfahrt *(Teil 2)*

Der Petersdom in Rom

In den nächsten drei Tagen unserer Klassenfahrt ‚machten' wir, wie Jens, unser Klassenbester sagte, alle Sehenswürdigkeiten Roms. Wir fingen natürlich mit dem Petersdom an. Wir hatten uns vorher gar nicht vorstellen können, dass eine Kirche solche Ausmaße haben könnte, einfach toll. Ein besonderes Erlebnis war der Besuch in der Sixtinischen Kapelle. Es war schon cool, in den Vorräumen an Dutzenden alter Gobelins vorbeizugehen, um dann die Kapelle zu betreten mit den irren Fresken von Michelangelo. Anschließend hatten wir einen herrlichen Blick von der Engelsburg aus auf den Tiber. Wir lernten das Pantheon kennen, saßen auf der Spanischen Treppe mit vielen anderen Jugendlichen aus allen Ländern. Wir waren ganz stolz, dass wir unsere Englischkenntnisse anwenden und uns mit anderen Schülern unterhalten konnten. Die drei Tage rasten wie im Flug an uns vorbei. Wir haben so viele Eindrücke in uns aufgenommen, dass wir auf der Rückreise immer noch neue Episoden aus unserem Rom-Aufenthalt erzählen konnten. Die Fahrt nach Hause dauerte wieder zwei Tage. Wir lernten nicht nur noch wunderschöne Städte kennen, sondern auch unsere Mitschüler zeigten sich von einer ganz anderen Seite, als wir sie in der Schule kennengelernt haben. Diese Abschlussfahrt wird uns immer in Erinnerung bleiben.

197 Wörter

1. Lernschritt

➔ *Lies die folgenden Sätze aufmerksam durch.*

➔ *Ist die Aussage inhaltlich richtig? Dann kreuze die Aussage an.*

(!) *Achtung: Du darfst jetzt nicht mehr im Text nachlesen!*

Knicke das Blatt entlang dieser Linie nach hinten.

Richtig 

Nr.	Aussage	Richtig
1	Ein besonderes Erlebnis auf unserer Klassenfahrt war der Besuch im Zoo.	
2	Die Sixtinische Kapelle ist geschmückt mit irren Fresken von Michelangelo.	
3	Wir saßen auf der Spanischen Treppe mit vielen anderen Jugendlichen aus allen Ländern.	
4	Wir waren froh, dass wir unsere Italienischkenntnisse anwenden konnten.	
5	Die drei Tage rasten wie im Flug an uns vorbei.	
6	Auf der Rückreise war uns langweilig und wir wussten uns nichts zu erzählen.	
7	Die Fahrt nach Hause dauerte fünf Tage.	
8	Wir lernten unsere Mitschüler von einer ganz anderen Seite kennen, als wir sie aus der Schule kannten.	
9	Die Schüler stritten sich die ganze Heimfahrt über.	
10	Die Abschlussfahrt wird uns immer in Erinnerung bleiben.	

KOHL VERLAG
Wir werden Leseprofi / Klasse 6

19

Klassenfahrt *(Teil 2)*

2. Lernschritt

➔ *Beantworte die folgenden Fragen zum Lesetext sinngemäß.*

➔ *Schreibe in vollständigen Sätzen.*

a) Was machten wir in den nächsten drei Tagen unserer Klassenfahrt?

____

____

b) Von wo aus hatten wir einen herrlichen Blick? ____________________

____

c) Worauf waren wir ganz stolz? ____________________

____

d) Was konnten wir auf der Rückreise erzählen? ____________________

____

____

e) Wie lange dauerte unsere Reise? ____________________

____

f) Was lernten wir außer wunderschönen Städten noch kennen? __________

____

____

g) Werden wir diese Abschlussfahrt schnell vergessen? ____________________

____

Zusatzaufgabe

Welche Klassenfahrt bleibt dir immer in Erinnerung? Warum? Schreibe auf.

20 Ferien auf dem Fahrrad

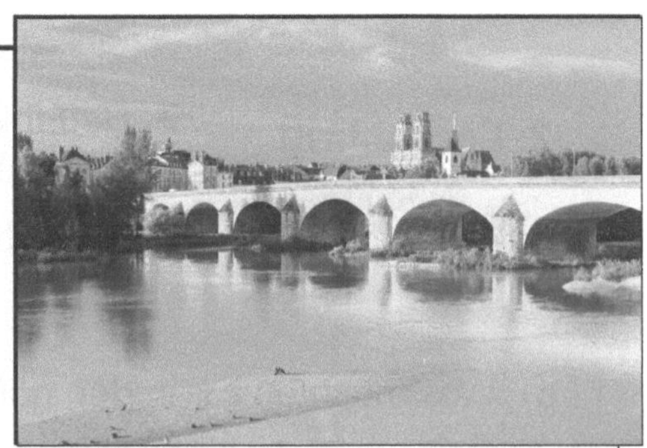
Die Loire bei Orléans

In diesem Jahr in den großen Ferien hatten wir einen ganz besonderen Urlaub geplant. Mein Vater, sein Freund Helmut, mein bester Freund Tommy und ich wollten eine Radtour durch Frankreich machen. Mit Zelt, Luftmatratzen und Kochgeschirr. Am 22. Juli starteten wir. Am Abend vorher hatten wir unsere Räder am Bahnhof aufgegeben. Sie warteten in Orléans auf uns. Bis dahin fuhren auch wir mit dem Zug. Orléans ist eine sehr schöne alte Stadt, bekannt durch die Geschichte der Jeanne D'Arc. Wir fuhren am ersten Tag 62 km, bis wir einen Campingplatz fanden, direkt an der Loire. Die Loire ist der längste Fluss Frankreichs, herrlich gelegen inmitten üppiger Weinberge. Umsäumt wird die Loire von weltweit bekannten Schlössern. Früher lebten dort Könige und Adlige aus Paris und genossen das gute Essen und die berühmten Weine. Am ersten Abend wollten wir nicht selbst brutzeln, sondern gingen in eine kleine Dorfkneipe und wurden dort herrlich bekocht. Die Vorspeise war schon köstlich, es gab eine Landpastete, wir konnten nur schwer aufhören, davon zu kosten. Mein Vater und sein Freund tranken einen Rotwein dazu, wir Coca-Cola. Es war ein sehr schöner erster Abend. Wir fuhren 14 Tage lang immer so um die 80 km, zelteten und gingen jeden Abend lecker essen. Das Kochgeschirr wurde nicht einmal benutzt.

213 Wörter

1. Lernschritt

➔ *Lies die folgenden Sätze aufmerksam durch.*

➔ *Ist die Aussage inhaltlich richtig? Dann kreuze die Aussage an.*

(!) *<u>Achtung</u>: Du darfst jetzt nicht mehr im Text nachlesen!*

- -

Knicke das Blatt entlang dieser Linie nach hinten.

Richtig 

1	In diesem Jahr wollten wir in den großen Ferien einen ganz besonderen Urlaub machen.	
2	Wir wollten eine Radtour durch Frankreich machen.	
3	Unsere Räder schickten wir mit dem Zug voran nach Paris.	
4	Wir fuhren mit dem Zug bis nach Orléans.	
5	Orléans ist eine Stadt mit vielen Hochhäusern und ganz modernen Gebäuden.	
6	Am ersten Tag fuhren wir 62 km bis zu einem Campingplatz direkt an der Loire.	
7	An der Loire lebten früher nur arme Bauern und Pächter.	
8	Am Abend speisten wir herrlich in einer Dorfkneipe.	
9	Wir fuhren noch eine Woche weiter mit dem Fahrrad.	
10	Das Kochgeschirr wurde nicht einmal benutzt.	

20 Ferien auf dem Fahrrad

2. Lernschritt

➔ *Beantworte die folgenden Fragen zum Lesetext sinngemäß.*

➔ *Schreibe in vollständigen Sätzen.*

a) Wer wollte alles eine Radtour durch Frankreich machen?

____

____

b) Was hatten wir mit den Rädern gemacht an dem Abend, bevor wir aufbrachen?

____

c) Wodurch ist die Stadt Orléans bekannt? ______________________

____

d) Was ist die Loire? ______________________

____

e) Wohin gingen wir am ersten Abend unserer Radtour? ______________________

____

____

f) Was tranken wir zu dem herrlichen Essen? ______________________

____

g) Was wurde nicht einmal benutzt? ______________________

____

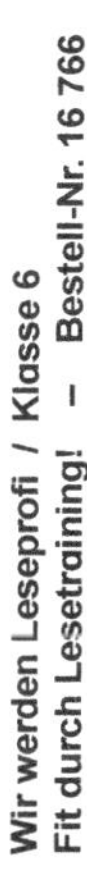

Zusatzaufgabe

Vielleicht hast du auch schon einmal einen Ausflug mit dem Fahrrad unternommen. Was gab es dabei Tolles zu erleben? Erzähle.

21 Latein für Angeber

Heute beginnen wir schon im zweiten oder dritten Schuljahr in der Grundschule mit dem Erlernen einer Fremdsprache. Meistens beginnen wir mit englisch oder französisch. Früher wurde man erst auf der so genannten ‚Höheren Schule' mit einer zweiten Sprache konfrontiert. Auf dem altsprachlichen Gymnasium war dies in der Regel Latein, wie der Volksmund sagte, eine ‚tote' Sprache. Aber Latein ist eine sehr gute Grundlage für alle romanischen Sprachen. Heute finden leider immer weniger Schüler den Weg in eine solche altsprachliche Schule. Meine Eltern nun hatten einen Freund, der bei jeder Gelegenheit seine Kenntnisse in der lateinischen Sprache anbringen wollte. Wollte jemand etwas erzählen, das nicht für jeden zugänglich sein sollte, nannte er das In camera caritatis (unter vier Augen). Gallina scripsit (Krähenfüße) sagte er, wenn man über eine ältere Frau sprach. Wenn irgendein Vorgang entschieden war, krönte er dies mit dem Ausspruch Alea iacta est (Die Würfel sind gefallen). Dieser Freund – Manfred hieß er – ging allen, die ihn kannten, wie man so sagt, auf die Nerven mit seinem ewigen Angeben seiner Lateinkenntnisse. Eines Tages machte ein Neuling in der Freundesrunde mit dieser Plage ein jähes Ende. Er war Lateinlehrer und merkte schnell, dass Manfreds Kenntnisse nur aus einer Sammlung auswendig gelernter Redewendungen bestand. Als er versuchte, ein richtiges Gespräch in der lateinischen Sprache zu führen, musste Manfred verschämt passen. Er bekam den bezeichnenden Spruch ‚Si tacuisses, philosophus mansisses' mit auf den Weg: Hättest du geschwiegen, wärst du ein Philosoph geblieben.

244 Wörter

1. Lernschritt

➔ *Lies die folgenden Sätze aufmerksam durch.*

➔ *Ist die Aussage inhaltlich richtig? Dann kreuze die Aussage an.*

 *<u>Achtung</u>: Du darfst jetzt nicht mehr im Text nachlesen!*

Knicke das Blatt entlang dieser Linie nach hinten.

Richtig 

Nr.	Aussage	Richtig
1	Früher wurde man im Kindergarten mit einer 2. Sprache konfrontiert.	
2	Latein ist eine sehr gute Grundlage für alle romanischen Sprachen.	
3	Der Freund meiner Eltern wollte bei jeder Gelegenheit seine Spanischkenntnisse anbringen.	
4	Er erzählte oft von seinen Urlauben in Spanien.	
5	Wenn ein Vorgang entschieden war, konnte er auch mit einem lateinischen Spruch aufwarten.	
6	Er fiel damit allen seinen Freunden auf die Nerven.	
7	Ein alter Bekannter machte der Plage endlich ein jähes Ende.	
8	Der Neuling war Lateinlehrer.	
9	Er bemerkte, dass Manfreds Lateinkenntnisse nur aus auswendig gelernten Redewendungen bestand.	
10	Manfred musste verschämt passen, als der Lateinlehrer ihn in ein lateinisches Gespräch verwickeln wollten.	

21

Latein für Angeber

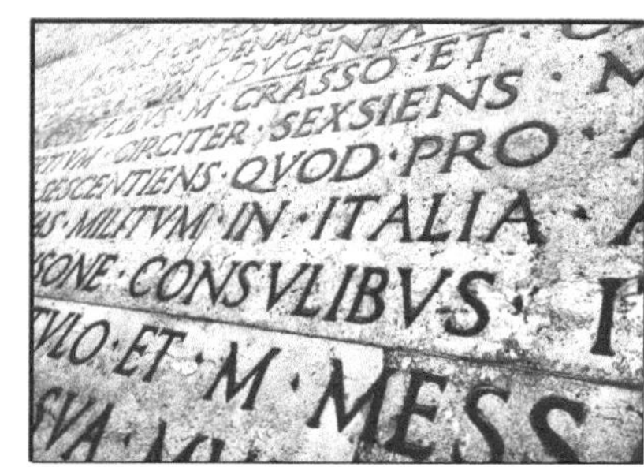

2. Lernschritt

➔ *Beantworte die folgenden Fragen zum Lesetext sinngemäß.*

➔ *Schreibe in vollständigen Sätzen.*

a) Wo wurde man früher mit einer zweiten Sprache konfrontiert? ____________

____

b) Wofür ist Latein eine sehr gute Grundlage? ____________

____

c) Was für einen besonderen Freund hatten meine Eltern? ____________

____

____

d) Wie hieß der Freund, der allen mit seinen Lateinkenntnissen auf die Nerven ging?

____

____

e) Wer machte mit der Plage endlich ein Ende? ____________

____

____

f) Wann musste Manfred verschämt passen? ____________

____

g) Was bedeutet der bezeichnende Spruch: „Si tacuisses, philosophus mansisses"?

____

Zusatzaufgabe

„Erare humanum est" (Irren ist menschlich) ist auch solch ein Lateinspruch für Angeber. Suche in deiner Umwelt oder im Internet nach weiteren Lateinangebersprüchen und schreibe sie auf.

Wir werden Leseprofi / Klasse 6
Fit durch Lesetraining! – Bestell-Nr. 16 766
KOHL VERLAG

22 Der fremde Hund

Es war Sonntagnachmittag. Mein Vater hatte einen Apfelkuchen gebacken, was er wirklich sehr gut konnte. Meine Schwester schlug die Sahne und ich hatte den Tisch gedeckt. Meine Mutter hatte ihren ‚Freien Sonntag' und durfte heute nichts im Haushalt tun. Wir saßen also alle zusammen auf unserer Terrasse, als meine Schwester plötzlich rief: „Seid mal still, ich höre was!" Ein leises Winseln kam von der Gartenpforte her. Es war zuerst zaghaft, dann folgte ein leises Bellen. Ein Hund stand vor unserer Tür. Als ich öffnete, kam er sofort mit mir in den Garten und schnüffelte überall herum. Es schien ihm zu gefallen, was er sah und roch, denn sein Schwänzchen ging hin und her. „Das ist ein kleiner Foxterrier, er ist bestimmt irgendwo ausgebüchst", sagte mein Vater. Er ging zur Straße, aber kein Mensch war zu sehen, der einen kleinen, weißen Hund suchte. Susi und ich fanden ihn so süß, dass wir direkt fragten, ob wir ihn behalten dürften. Meine Mutter aber meinte, dass wir am Montag bei der Polizei nachfragen sollten, ob irgendwo ein Hund vermisst würde. Wir tollten im Garten herum bis zum späten Abend. Stranger* nannten wir ihn. Er durfte bei mir im Zimmer schlafen. Als wir am Montag aus der Schule kamen, war unser neuer Freund nicht mehr da. Unsere Nachbarn hatten am Wochenende Besuch gehabt. Ihren Freunden war er weggelaufen. Heute Morgen hatten sie überall herumgefragt, ob jemand den Hund gesehen habe. Wir waren alle sehr traurig, dass Stranger wieder weg war.

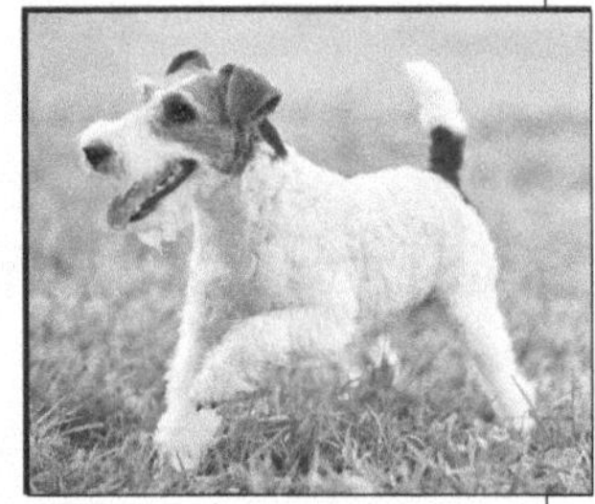

249 Wörter

**englischer Ausdruck für Fremder*

1. Lernschritt

➔ *Lies die folgenden Sätze aufmerksam durch.*

➔ *Ist die Aussage inhaltlich richtig? Dann kreuze die Aussage an.*

 *Achtung: Du darfst jetzt nicht mehr im Text nachlesen!*

- -

Knicke das Blatt entlang dieser Linie nach hinten.

Richtig 

1	Es war Mittwochnachmittag.	
2	Mein Vater konnte sehr gut Kirschkuchen backen.	
3	Meine Mutter hatte ihren 'Freien Sonntag'.	
4	Mein Vater rief: „Seid mal still, ich höre was!".	
5	Ein Hund stand vor unserer Tür.	
6	Es schien dem Hund zu gefallen, was er sah, weshalb er mit den Ohren zuckelte.	
7	Vater ging zur Straße, sah aber niemanden, der den Hund suchte.	
8	Mutter wollte im Tierheim fragen, ob ein Hund vermisst wurde.	
9	Der Hund durfte bei mir im Zimmer schlafen.	
10	Als wir am Montag aus der Schule kamen, begrüßte uns der Hund freudig mit dem Schwanz wedelnd.	

22 Der fremde Hund

2. Lernschritt

➔ *Beantworte die folgenden Fragen zum Lesetext sinngemäß.*

➔ *Schreibe in vollständigen Sätzen.*

a) Was konnte mein Vater sehr gut? ______________________________

____

b) Was hatte Mutter an diesem Sonntag? ______________________________

____

c) Was rief meine Schwester plötzlich? ______________________________

____

d) Wer stand vor unserer Tür? ______________________________

____

e) Woran sah man, dass es dem Hund zu gefallen schien, was er sah?

____

f) Warum ging der Vater zur Straße? ______________________________

____

g) Wo, meinte die Mutter, sollten wir nachfragen, um herauszufinden, ob jemand den Hund suchte?

____

____

h) Wem war der Hund weggelaufen? ______________________________

____

Zusatzaufgabe

Erfinde eine richtig witzige Geschichte, in der ein Hund die Hauptrolle spielt.

Wir werden Leseprofi / Klasse 6
Fit durch Lesetraining! – Bestell-Nr. 16 766

23 Der neue Duden

Die neue Rechtschreibung in Deutschland ist für alle Bundesländer einheitlich. Ist es aber jetzt tatsächlich die letzte Version? Wenn man den Politikern und den Kultusministern glaubt, ist dies wohl so. Also, liebe Mama, ich brauche einen neuen Duden! 20 €, Buchhandlung aufsuchen, Duden kaufen. Ich sitze zu Hause an meinem Schreibtisch und betrachte das gute neue Stück. Gelber Einband, schwarze Schrift, auf rotem Untergrund prangt der Hinweis ‚24. Auflage'. Wo soll ich anfangen? Ich setze meinen Daumen irgendwo an und erwische die Seite 640. Ich lese Lemuria, vermutete Landmasse zwischen Vorderindien und Madagaskar. Dann lese ich Lenin. Lenin, das war doch der Typ mit der russischen Revolution. Oh Gott, wann war das auch noch? Also schlage ich Seite 746 auf, die Oktoberrevolution. Mehr nicht! Jetzt nehme ich mein Lexikon zur Hand. Es ist Buch 13, Neo-Par. Die Oktoberrevolution, der bolschewistische Umsturz am 25./26. Oktober 1917. Wladimir Lenin war derjenige, der das herrschende Chaos in Russland beenden wollte. Zwar war 50 Jahre vorher die menschenunwürdige Leibeigenschaft abgeschafft worden, aber der Unterschied zwischen der arbeitenden Bevölkerung und der Hierarchie der Adligen und Reichen war immer noch immens. Das Volk hatte nichts zu essen, der Schwarzmarkt blühte und die Kinder verhungerten. Die Unzufriedenheit artete in einem Aufstand aus. Mit Hilfe Lenins und der Bolschewisten, ein Sammelname für kommunistische Gruppen, wurden die Reichen enteignet und der Arbeiterklasse zu einem gewissen Auskommen verholfen. Die so genannte Rote Armee waltete mit Strenge und Härte über dieses neue Russland. Was man vom Duden alles lernen kann!

253 Wörter

1. Lernschritt

➔ *Lies die folgenden Sätze aufmerksam durch.*

➔ *Ist die Aussage inhaltlich richtig? Dann kreuze die Aussage an.*

<u>Achtung</u>: Du darfst jetzt nicht mehr im Text nachlesen!

Knicke das Blatt entlang dieser Linie nach hinten.

Richtig 

1	Die neue Rechtschreibung in Deutschland ist für alle Bundesländer einheitlich.	
2	Wenn man den Lehrern glaubt, ist es die letzte Version der Rechtschreibung.	
3	Der neue Duden kostet 80 €.	
4	Der neue Duden hat einen grünen Umschlag.	
5	Lemuria bedeutet eine vermutete Landmasse zwischen Vorderindien und Madagaskar.	
6	Lenin war der Typ mit der chinesischen Revolution.	
7	50 Jahre vor Lenin war die Leibeigenschaft abgeschafft worden.	
8	Das Volk hatte nichts zu essen, der Schwarzmarkt blühte und die Kinder verhungerten.	
9	Den Armen wurde durch die Bolschewisten noch mehr weggenommen.	
10	Die Rote Armee waltete mit Strenge und Härte über dieses neue Russland.	

23 Der neue Duden

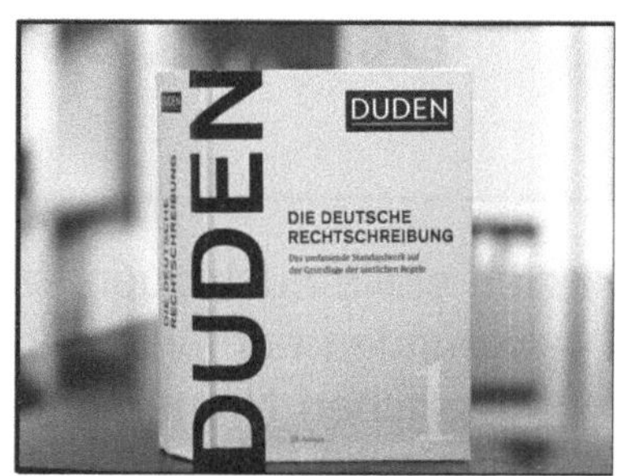

2. Lernschritt

➔ *Beantworte die folgenden Fragen zum Lesetext sinngemäß.*

➔ *Schreibe in vollständigen Sätzen.*

a) Was ist die neue Rechtschreibung in Deutschland nun endlich? ✎ ____________________

____

b) Wem soll man glauben, dass nun die Rechtschreibung endlich einheitlich sei?

____

c) Wie sieht der neue Duden aus? ____________________________________

____

d) Was nimmt der Erzähler zur Hand, um herauszufinden, wer Lenin war? ________

____

e) Wer war Lenin laut Lexikon? ____________________________________

____

f) Worin artete die Unzufriedenheit der russischen Bevölkerung zur Zeit Lenins aus?

____

g) Wie herrschte die Rote Armee über das neue Russland? ____________________

____

h) Was sind die Bolschewisten? ____________________________________

____

Zusatzaufgabe

Was bedeuten die folgenden Begriffe? Recherchiere.

Deadline, Genetik, Jalousie, Machete, Stiletto

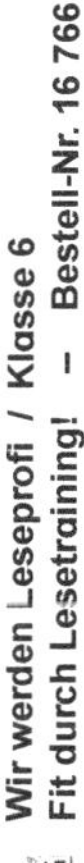

24 Das neue Auto

Ich stelle euch zuerst einmal meine Familie vor: Da sind meine Mutter Brigitte, von allen Freunden nur Gitte genannt, mein Vater Fritz (wie konnten seine Eltern ihm nur so einen hässlichen Namen geben?) und wir drei Kinder Anna (16), Arne (14) und ich, Anja (12), das Nesthäkchen. Es war kurz vor den großen Ferien, wir wollten wie jedes Jahr auch in diesem Sommer wieder nach Italien auf ‚unseren' Campingplatz fahren, als Vater eines Abends plötzlich eine Bombe platzen ließ. Wir Kinder saßen vor dem Fernseher und schauten eine Folge unserer Lieblingsserie. Vater las in irgendeinem Prospekt und Mutter löste ein Kreuzworträtsel. Da hörten wir die Stimme unseres Vaters: „Ich habe mich entschlossen, ein neues Auto zu kaufen!" Stille, Staunen, ein zaghafter Versuch meiner Mutter „Wer soll das denn bezahlen?" ging dann im ausbrechenden Jubel von uns Kindern unter. Anna schlug einen Peugot 207 Cabrio vor, Arne schwärmte von einem Minicooper und ich fand den 300er Mercedes des Nachbarn Klasse. Aber mein Vater hatte schon eine klare Vorstellung: Es sollte ein VAN sein, so ein Auto mit sechs oder sieben Sitzen, großem Stauraum (für unser Zelt) und einem sparsamen Dieselmotor. Triumphierend zeigte er uns den Prospekt, den er in Händen hielt. Er hatte bereits alles geplant. „Unser altes Auto geben wir dem Händler als Anzahlung. Wir müssen monatlich dann 224,- € bezahlen und bereits nach vier Jahren sind wir wieder schuldenfrei, außer der ‚kleinen' Restsumme von dann 7500,- €." Meine Mutter erstarrte. Wir Kinder jubelten und, ihr glaubt es kaum, bereits vier Wochen später fuhren wir mit dem neuen Auto nach Italien.

264 Wörter

1. Lernschritt

➔ *Lies die folgenden Sätze aufmerksam durch.*

➔ *Ist die Aussage inhaltlich richtig? Dann kreuze die Aussage an.*

(!) *<u>Achtung</u>: Du darfst jetzt nicht mehr im Text nachlesen!*

Knicke das Blatt entlang dieser Linie nach hinten.

		Richtig X
1	Mein Vater heißt Florian.	
2	Ich habe vier Geschwister.	
3	Wir wollten, wie jedes Jahr, in das Hotel in die schweizer Berge fahren.	
4	Vater ließ die Bombe platzen, er wollte ein Haus bauen.	
5	Mutter fragte, wer das bezahlen solle.	
6	Ich schwärmte für den 300er Mercedes des Nachbarn.	
7	Vater wollte einen VAN.	
8	Das alte Auto sollte verschrottet werden.	
9	Die Restsumme würde noch 7500,- € betragen.	
10	Wir fuhren bereits fünf Wochen später mit dem neuen Auto nach Frankreich.	

24 Das neue Auto

2. Lernschritt

➔ *Beantworte die folgenden Fragen zum Lesetext sinngemäß.*

➔ *Schreibe in vollständigen Sätzen.*

a) Wie wird die Mutter von allen Freunden genannt? ______________________

____

b) Wohin wollte die Familie in den Ferien fahren? ______________________

____

c) Was taten Vater und Mutter, als Vater die Bombe platzen ließ? ______________________

____

d) Wozu hatte der Vater sich entschlossen? ______________________

____

e) Welche Autos wollten wir Kinder kaufen? ______________________

____

____

f) Wie sollte nach Vaters Vorstellung das neue Auto aussehen? ______________________

____

g) Was sollte mit dem alten Auto geschehen? ______________________

____

h) Wohin fuhr die Familie bereits vier Wochen später mit dem neuen Auto?

____

Zusatzaufgabe

Welches Auto würdest du deiner Familie zum Kauf empfehlen? Begründe auch, warum du dich für dieses Modell entscheiden würdest.

25 Die Getränkedose

Getränkedosen kennen wir alle – in Supermärkten oder Tankstellen füllen sie ganze Regale mit den verschiedensten Inhalten, die in dieser praktischen Dose aus Aluminium abgefüllt sind. Aber wer hat diesen Behälter eigentlich erfunden? Anfang der 1930er Jahre wurde die Getränkedose in den USA geboren. Im Januar 1935 kam eine Brauerei aus New Jersey zum ersten Mal auf die Idee, das frisch gebraute Bier in Getränkedosen abzufüllen und so zu verkaufen. Schon im ersten Jahr konnte die Gottfried Krueger Brauerei etwa 200 Millionen Bierdosen verkaufen. Dieser Erfolg sprach sich schnell herum, und so folgten 1937 erste Brauereien in England dem Beispiel und nahmen ebenfalls die Produktion von Dosenbier auf. In Deutschland wurde im Jahre 1951 erstmals von einer Frankfurter Brauerei Dosenbier vertrieben. Aufgrund der Vielzahl der dort stationierten amerikanischen Soldaten wurde die Bierdose gut angenommen. Nachdem auch der Deckelverschluss verbessert wurde, setzte die Getränkedose ihren Siegeszug fort. Mittlerweile bestanden die Getränkedosen aus Aluminium oder Weißblech. Die Dosen hatten neben den Vorteilen des praktischen Transports und Nutzung als Trinkgefäß allerdings enorme Nachteile für die Umwelt, denn viele Menschen warfen die leeren Dosen einfach in die Umwelt. Leider dauert es etwa 100 Jahre, bis solch eine Aluminiumdose verrottet ist. So entstand die Idee, auf die Getränkedosen Pfand zu berechnen. Mit Einführung der Pfandpflicht für Getränkedosen in Deutschland im Jahre 2003 wurden nach und nach vermehrt Dosen recycelt und sie werden so meistens nicht mehr achtlos in der Natur zurückgelassen.

235 Wörter

1. Lernschritt

➔ *Lies die folgenden Sätze aufmerksam durch.*

➔ *Ist die Aussage inhaltlich richtig? Dann kreuze die Aussage an.*

(!) *<u>Achtung</u>: Du darfst jetzt nicht mehr im Text nachlesen!*

- -

Knicke das Blatt entlang dieser Linie nach hinten.

Richtig 

		Richtig
1	Getränkedosen findet man in großen Mengen in Supermärkten oder Tankstellen.	
2	Anfang der 1930er Jahre wurde die Getränkedose in den USA erfunden.	
3	Ein Limonadenhersteller kam auf die Idee, sein Getränk in Dosen abzufüllen.	
4	Schon im ersten Jahr konnte die Brauerei über 2000 Dosen verkaufen.	
5	Ende der 90er Jahre folgten erste Brauereien in England dem Beispiel.	
6	In Deutschland wurde im Jahre 1951 erstmals Dosenbier vertrieben.	
7	Die Getränkedosen wurden weiterentwickelt und bestanden mittlerweile aus Aluminium oder Weißblech.	
8	Viele Menschen warfen die leeren Dosen zunächst achtlos in die Natur.	
9	Es wurde beschlossen, Menschen zu bestrafen, die Dosen achtlos wegwarfen.	
10	In Deutschland wurde 2003 die Pfandpflicht auf Getränkedosen eingeführt.	

25

Die Getränkedose

2. Lernschritt

➔ *Beantworte die folgenden Fragen zum Lesetext sinngemäß.*

➔ *Schreibe in vollständigen Sätzen.*

a) Wann und wo wurde die Getränkedose erfunden?

b) Wer nutzte die neue Dose 1935 für sein Getränk?

c) Wie viele Dosen Bier konnte die Brauerei im ersten Jahr verkaufen?

d) Wann und wo wurde in Deutschland erstmals Dosenbier abgefüllt und verkauft?

e) Wie wurden die Getränkedosen weiterentwickelt?

f) Welches große Problem bestand anfangs durch geleerte Dosen?

g) Wodurch wurde in Deutschland verhindert, dass Dosen weiterhin achtlos weggeworfen werden?

KOHL VERLAG Wir werden Leseprofi / Klasse 6
Fit durch Lesetraining! – Bestell-Nr. 16 766

26 Daedalus und Ikarus

Laut der Sage war Ikarus der Sohn des großen griechischen Erfinders Daedalus. Daedalus hatte seinen Schüler aus Neid über dessen Erfindungen getötet und musste gemeinsam mit Ikarus auf die Insel Kreta fliehen, um einer Verurteilung zu entgehen. Bei König Minos fand er Schutz. Er trat in seine Dienste und erfand für ihn viele Dinge. Unter anderem schuf er ein Labyrinth für den Minotaurus. Dieses Ungeheuer war ein fürchterliches Wesen, halb Stier, halb Mensch und sollte sicher weggesperrt werden. So baute Daedalus den Irrgarten und das Ungeheuer wurde eingesperrt. König Minos wollte den genialen Erfinder allerdings nicht mehr ziehen lassen und ließ deshalb alle Häfen und Schiffe bewachen, damit Daedalus mit seinem Sohn Ikarus nicht fliehen konnte. Schließlich beschloss Daedalus, mit seinem Sohn Ikarus durch die Luft zu fliehen. Er erfand Flügel, indem er Federn mit Wachs zusammenklebte. Diese sollten sie sicher durch die Luft gleiten lassen. Er gab seinem Sohn genaue Anweisungen und ermahnte Ikarus, immer dicht bei ihm zu fliegen. Denn würde er zu hoch fliegen, würde die Sonne das Wachs schmelzen lassen und würde er zu tief fliegen, würde das Wasser des Meeres die Federn beschweren und ihn so zum Absturz bringen. Sie erhoben sich in die Lüfte und zunächst ging auch alles gut. Doch irgendwann wurde Ikarus übermütig und flog viel zu hoch. Die Sonne schmolz das Wachs und er stürzte wie ein Stein ins Meer und ertrank.

231 Wörter

1. Lernschritt

➔ *Lies die folgenden Sätze aufmerksam durch.*

➔ *Ist die Aussage inhaltlich richtig? Dann kreuze die Aussage an.*

 *Achtung: Du darfst jetzt nicht mehr im Text nachlesen!*

Knicke das Blatt entlang dieser Linie nach hinten.

Richtig 

Nr.	Aussage	Richtig
1	Ikarus war der Sohn des großen griechischen Philosophen Daedalus.	
2	Daedalus hatte seinen Schüler getötet und musste gemeinsam mit Ikarus auf die Insel Kreta fliehen, um nicht verurteilt zu werden.	
3	Dort trat er in König Minos Dienste und erfand für ihn viele Dinge.	
4	Unter anderem schuf er ein Labyrinth für den Minotaurus, einen riesigen Hund.	
5	König Minos wollte verhindern, dass Daedalus mit seinem Sohn Ikarus von der Insel fliehen konnte.	
6	Da beschloss Daedalus, mit Ikarus durch einen geheimen Tunnel zu fliehen.	
7	Daedalus erfand Flügel, indem er Federn mit Wachs zusammenklebte.	
8	Er ermahnte Ikarus, nicht zu hoch zu fliegen, weil sonst die Sonne das Wachs zum Schmelzen bringen könnten.	
9	Aber auch zu tief sollte er nicht fliegen, weil sonst die Flügel abknicken könnten.	
10	Ikarus stürzte letztlich dann doch ab, weil er übermütig zu hoch geflogen war und die Sonne das Wachs schmolz.	

26 Daedalus und Ikarus

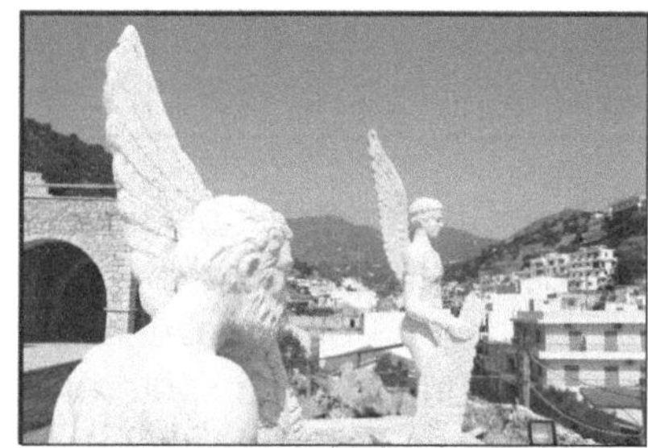

2. Lernschritt

➔ *Beantworte die folgenden Fragen zum Lesetext sinngemäß.*

➔ *Schreibe in vollständigen Sätzen.*

a) Warum musste Daedalus mit seinem Sohn Ikarus auf die Insel Kreta fliehen?

____

____

b) Wer schützte ihn dort? Was musste Daedalus dafür tun? ____________

____

____

c) Wer war Minotaurus? Welchen Auftrag hatte Daedalus? ____________

____

____

d) Welchen Plan schmiedete Daedalus schließlich, als er begriff, dass König Minos ihn nicht mehr von der Insel weglassen würde?

____

____

e) Was erfand Daedalus, um diese Flucht zu ermöglichen? ____________

____

f) Worauf sollte Ikarus während des Fluges unbedingt achten? ____________

____

____

g) Was geschah mit Ikarus letzendlich? ____________

____

____

KOHL VERLAG Wir werden Leseprofi / Klasse 6 Fit durch Lesetraining! – Bestell-Nr. 16 766

27 Der Golfstrom

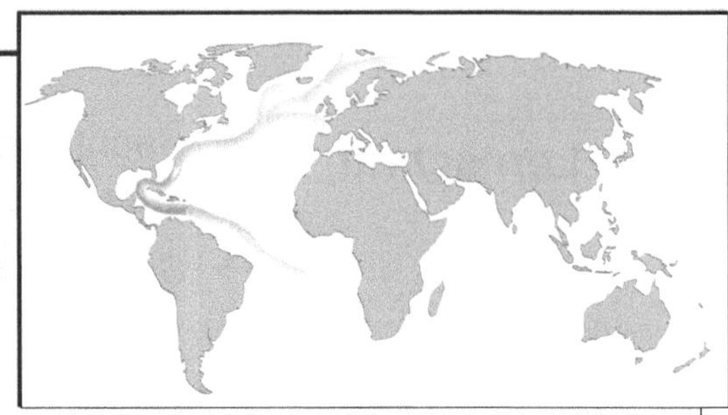

Der Golfstrom gilt als eine Art Fernheizung Europas. Schon vor Südafrika, wo sich Atlantik und Indischer Ozean treffen, wird die Grundlage des Golfstroms geschaffen. Denn die Strömung für den späteren Golfstrom beginnt schon an der südlichen Spitze Südafrikas. Dort vermischt sich der Atlantik mit dem Indischen Ozean. Es kommt zu einem Austausch der jeweiligen Salzfracht. Die Salzzufuhr in den Atlantik ist von immenser Bedeutung für das ganze Strömungssystem. Entlang der Küste Westafrikas gelangt dieses komplexe Meeresströmungssystem in den Golf von Mexiko und wird dort erwärmt. Der Golfstrom kühlt sich im weiteren Verlauf Richtung Arktis mehr und mehr ab. Durch die Verdunstung steigt der Salzgehalt und aufgrund der zunehmenden Kälte wird das Wasser dichter und schwerer. Dadurch sinkt es in die tiefere See ab, wo es zwischen Grönland und Norwegen zu einem der größten Wasserfälle der Welt kommt: 17 Millionen Kubikmeter fallen pro Sekunde bis zu 4000 m in breiten Säulen hinunter. Diese enorme Energie führt zu einer Sogwirkung, die den Golfstrom erst in Richtung Europa lenkt. Laut dem Max-Planck-Institut für Meteorologie ist diese Theorie erwiesen, aber entdeckt wurden diese riesigen Wasserfälle noch nicht. Die Erderwärmung führt jedoch dazu, dass das Polareis abschmilzt. Durch das geschmolzene Süßwasser verringert sich der Salzgehalt des Meeres. Die Folgen lassen sich noch nicht abschätzen. Befürchtet wird, dass der Golfstrom sich verlangsamen könnte oder eventuell auch ganz zum Versiegen kommt. Inwieweit das Szenario Auswirkungen auf das europäische Klima haben wird, wie hoch die Temperaturschwankungen tatsächlich sein werden, können Wissenschaftler heute nur mutmaßen und nicht genau vorhersagen.

250 Wörter

1. Lernschritt

➔ *Lies die folgenden Sätze aufmerksam durch.*
➔ *Ist die Aussage inhaltlich richtig? Dann kreuze die Aussage an.*

(!) *Achtung: Du darfst jetzt nicht mehr im Text nachlesen!*

- -

Knicke das Blatt entlang dieser Linie nach hinten.

Richtig 

		Richtig
1	Die Grundlage des Golfstroms wird schon vor Südafrika geschaffen.	
2	Dort vermischt sich der Pazifik mit dem Indischen Ozean.	
3	Die Salzzufuhr in den Atlantik ist von immenser Bedeutung für das ganze Strömungssystem.	
4	Der Golfstrom erwärmt sich in in Richtung Arktis mehr und mehr.	
5	Durch die Verdunstung steigt der Zuckergehalt im Wasser.	
6	Zwischen Grönland und Norwegen liegt der größte Wasserfall der Erde, weil dort gewaltige Mengen Wasser in die tiefere See abstürzen.	
7	Die Erderwärmung führt dazu, dass das Polareis abschmilzt.	
8	Die Eisbären sind auf das warme Wasser des Golfstroms angewiesen.	
9	Befürchtet wird, dass der Golfstrom sich verlangsamen könnte oder ganz versiegt.	
10	Die Wissenschaftler können nur mutmaßen, welche Auswirkungen ein Ausfall des Golfstroms auf das Klima in Europa hätte.	

27 Der Golfstrom

2. Lernschritt

➔ *Beantworte die folgenden Fragen zum Lesetext sinngemäß.*

➔ *Schreibe in vollständigen Sätzen.*

a) Welche Funktion hat der Golfstrom für Europa?

____

b) In welcher Region wird die Grundlage des Golfstroms geschaffen? ____________

____

____

c) Welche Rolle spielt die Salzzufuhr in den Atlantik für den Golfstrom? ____________

____

____

d) Welchen Weg nimmt der Golfstrom bis in die Arktis? ____________

____

____

e) Warum steigt der Salzgehalt auf dem Weg zur Arktis und was bewirkt die zunehmende Kälte?

____

____

f) Was bewirkt die Erderwärmung? ____________

____

____

g) Welche Befürchtung äußern die Wissenschaftler über die Zukunft des Golfstroms?

____

____

____

KOHL VERLAG Wir werden Leseprofi / Klasse 6 Fit durch Lesetraining! – Bestell-Nr. 16 766

28 Die Lösungen

Richtig X

	1	2	3	4	5	6	7	8	9	10
1	X		X	X	X		X			X
2	X					X	X			
3	X		X			X	X			X
4		X		X	X			X		
5				X		X	X		X	X
6			X	X					X	
7		X	X		X	X			X	X
8		X	X		X			X		X
9	X	X					X		X	X
10	X	X			X		X	X	X	
11		X	X	X	X	X				
12		X		X	X	X				X
13	X			X	X	X	X		X	X
14		X	X			X	X		X	X
15	X			X		X	X	X		X
16		X			X	X	X	X		
17				X		X	X		X	
18		X		X				X		
19		X	X		X			X		X
20	X	X		X		X		X		X
21		X			X	X		X	X	X
22			X		X		X		X	
23	X				X		X	X		X
24					X	X	X		X	
25	X	X				X	X	X		X
26		X	X		X		X	X		X
27	X		X			X	X		X	X

Die Lösungen

1 **a)** Erfunden wurde Kaugummi von den Maya in Südmexiko. **b)** Chicle ist der dicke, milchige Saft des Sapodilla-Baums. **c)** Nur bei den Bewohnern des Dschungels hielt sich die Sitte des Kaugummikauens. **d)** Dort entdeckte um 1870 William Wrigley jr. die wohlschmeckende Süßigkeit. **e)** Sprunghaft stieg der Bedarf an Sapodilla-Saft an. **f)** Die letzten überlebenden Maya drangen nun zu Beginn des letzten Jahrhunderts in die Bergwälder zur Ernte ein. **g)** Dort stießen sie auf die Ruinen der großen Städte ihrer Ahnen, die von den Eroberern zerstört worden waren.

2 **a)** Sie sitzen im Gras oder in Büschen, von wo aus sie ihre Beute machen. **b)** Orten sie die Wärme eines Säugetiers lassen sie sich fallen. Mit ihren Mundwerkzeugen bohren sie sich in die Haut einer Katze oder eines Menschen. **c)** Das gesaugte Blut lässt den Hautsack der Zecke anschwellen. Sie vergrößert sich um ein Vielfaches. **d)** Nach einem Waldbesuch sollte sich jeder auf Zecken absuchen, denn sie übertragen zwei gefährliche Krankheiten. **e)** Die FSME ist eine Form von Hirnhautentzündung, gegen die man sich impfen lassen kann. **f)** Die Borreliose wird durch Bakterien übertragen. **g)** Kopfschmerzen, Mattigkeit und Gelenkentzündungen gehören dazu. **h)** Diese langwierige Erkrankung kann nur vom Arzt mit Antibiotika behandelt werden.

3 **a)** Katapulte waren früher Kriegsmaschinen, mit denen große Gesteinsbrocken weit geschleudert werden konnten. **b)** Meistens wurden sie zur Belagerung von Burgen eingesetzt. **c)** Die Konstrukteure hatten den Hebel als Vorbild genommen. **d)** Sie wurden auf Rädern zu ihren Einsatzorten gerollt. **e)** Mit Seilen zogen die Kämpfer das in der Pfanne liegende Geschoss zu Boden. Das schwere Gewicht am anderen Ende schleuderte das Geschoss beim Loslassen weit durch die Luft. **f)** War die Burgmauer durchlöchert, konnten die Fußtruppen den Kampf fortsetzen. **g)** Sie werden mit Pressluft betrieben und sollen z.B. Flugzeuge, die eine kurze Startbahn haben, schnell beschleunigen. Das ist auf Flugzeugträgern der Fall. Die „Jäger" werden in die Luft geschossen.

4 **a)** Im alten Griechenland nahmen die Menschen den Sport sehr ernst. **b)** Die Jungen der Oberschicht wurden auch deshalb zu sportlichen Übungen herangezogen, weil ein schöner und gesunder Körper als Zeichen edler Herkunft galt. **c)** Sport förderte den Mut und sorgte für innere und äußere Ausgewogenheit. **d)** Alle zwölfjährigen griechischen Knaben besuchten das „gymnasion". **e)** Dort zogen sich die Knaben aus, wuschen sich, rieben sich mit Öl ein und bestreuten sich mit Sand. **f)** Die beliebtesten Sportarten waren Ringen, Laufen, Weitsprung, Diskus- und Speerwurf. **g)** Die Wurftechnik beim Diskuswerfen hat sich früher wie heute nicht verändert. **h)** Nur wog ihre Scheibe 5 kg und nicht wie heute 2 kg für Männer und 1 kg für Frauen.

5 **a)** Jeden Mai feiert Südkorea die Geburt Buddhas vor 2550 Jahren. **b)** Um den Hals tragen sie beim Umzug Kränze aus blütenförmigen Lampions. **c)** Kim ist in diesem Jahr das erste Mal dabei und ganz aufgeregt, denn extra für den Umzug in der Hauptstadt hat sie ein neues Kleid bekommen. **d)** Die Mädchen haben ihre Haare zu einem Knoten zusammen gesteckt. **e)** So kommt die Sternenkette auf der Stirn besser zum Ausdruck. **f)** Mit ihrem Umzug beim Lotus-Laternen-Festival wollen die Gläubigen zeigen, dass der Religionsstifter Buddha ihr Leben erleuchtet hat. **g)** Der Buddhismus war in Korea lange Staatsreligion, so dass alle Bürger diesen Glauben annehmen mussten. **h)** In dieser Nacht lassen die Mönche in den Klöstern ihre Lampen erstrahlen.

6 **a)** Er lebte von 1853 bis 1890 in Holland. **b)** Durch die Impressionisten entdeckte er diese Malweise. **c)** Diese bevorzugten das leichte Nebeneinander von Farben, das sich im Auge zu einem Gesamteindruck mischt. **d)** Den Wechsel von Lebensfreude und Trübsal in seinem Leben zeigte er durch helle oder düstere Farben. **e)** Meistens malte er in der Natur, wodurch uns wunderschöne Bilder der holländischen Landschaft erhalten geblieben sind. **f)** Zeit seines Lebens fand er keine Anerkennung oder Lohn für seine Arbeiten. **g)** Von seinem Bruder wurde er unterstützt, der ihn auch in seiner schweren Krankheit begleitete. **h)** Van Gogh starb arm und geistig verwirrt mit 37 Jahren.

7 **a)** Planeten und Sterne faszinierten die Menschen schon immer. **b)** Die Cheopspyramide in Ägypten und Stonehenge in England wurden vielleicht als antike Sternwarten benutzt. **c)** Die Gründer der Astrologie waren die Babylonier. **d)** Sie erfanden die 12 Tierkreiszeichen, die noch heute verwendet werden. **e)** 240 v. Chr. berechnete ein griechischer Mathematiker die Größe der Erde mit Hilfe der Sterne ganz genau. **f)** Bedeutende Astronomen waren Kopernikus und Galilei. **g)** Beide stellten die Sonne und nicht die Erde in den Mittelpunkt unseres Sonnensystems. **h)** Galilei war der erste, der ein Fernrohr zur Himmelsbeobachtung benutzte.

8 **a)** In mehreren Kulturen wurden im 3. Jahrtausend v. Chr. die Toilette und auch die Kanalisation erfunden. **b)** Auf den Orkney-Inseln waren in die Steinhäuser Nischen eingebaut, von denen Abzugsgräben wegführten. **c)** Das Industal ist im Westen des heutigen Indiens. **d)** Archäologen, die die Induskultur erforschten, waren von den damaligen sanitären Anlagen in Indien beeindruckt. **e)** Die hohe Qualität der damals verwendeten Sanitäreinrichtungen könnte einigen Nationen auch heute noch als Vorbild dienen. **f)** Eine Klappe verschloss das Abflussrohr, das von der Sitztoilette zum Hauptkanal führte. **g)** Die Römer machten aus dem „stillen Örtchen" eine große Gemeinschaftseinrichtung. **h)** Eine Latrinensteuer wurde von Kaiser Vespasian eingeführt.

9 **a)** In den peruanischen Anden leben heute noch Nachfahren der Inkas, die Q`ero-Indianer. **b)** 4500 Meter über dem Meeresspiegel sind die Alpakas und Lamas für das Überleben des Volkes der Q`ero unerlässlich. **c)** Von klein auf helfen deshalb auch die Kinder mit, die Tiere zu hüten. **d)** Hier jagen Pumas und am Himmel kreisen Kondore. Sie stoßen vom Himmel herunter und schlagen blitzschnell ein Lama-Baby. **e)** Beim Hüten können die Kinder auf den traditionellen Webrahmen Wollstoffe herstellen aus denen die Kleidung, Taschen und Decken gefertigt werden. **f)** Da die Tiere der wertvollste Besitz der Menschen im Hochland sind, gibt es Fleisch nur an Festtagen. **g)** Fließendes Wasser liefert der nächste Gebirgsbach, die Häuser haben keinen Strom.

10 **a)** Der Mond ist eine Felskugel ohne Lufthülle, weshalb kein Leben auf dem Mond möglich ist. **b)** Man müsste 81 Monde auf eine Waage legen, um das Gewicht der Erde zu erreichen. **c)** Die Schwerkraft von Sonne und Mond lässt auf den Weltmeeren zwei Flutberge entstehen. **d)** Die meisten wurden von Meteoriten verursacht, die vor etwa 3 bis 4 Milliarden Jahren auf dem Mond eingeschlagen sind. **e)** An diesem Tag betrat der erste Mensch den Mond. **f)** Das Apollo-Programm der Amerikaner war erfolgreich gewesen. **g)** Die Flagge, die sie hissten, musste mit einem Draht gespannt werden, weil auf dem Mond kein Wind geht.

11 **a)** Der Name bedeutet „Die furchtbaren Echsen". **b)** Der Grund für das Aussterben ist immer noch nicht sicher. **c)** Haben die kleinen Nager die Dinosauriereier gefressen oder waren sie gegenüber den Echsen einfach im Vorteil? **d)** Lange dachte man, dass ein riesiger Meteorit auf die Erde gefallen sei und das Erdklima daraufhin stark abkühlte. **e)** Als die Dinosaurier die Erde beherrschten, bewohnten sie jeden Lebensraum. **f)** Tyrannosaurus Rex war ein gefährlicher Fleischfresser, der Diplodocus ernährte sich ausschließlich von Pflanzen. **g)** Dies bewirkt, dass auch heute noch die Dinosaurier für uns interessant sind.

12 **a)** Die Karthager waren erfolgreiche Händler und kein kriegerisches Volk. **b)** Sie waren sehr erfolgreiche Händler. **c)** Diese Söldner hatten Schiffe und konnten so die Römer schneller und besser angreifen. **d)** Die Römer waren leider nicht so begabt im Führen von Seeschlachten, wodurch sie jede dieser Schlachten verloren. **e)** Sie bauten Enterplanken, welche die beiden Schiffe miteinander verbinden sollten. Auf diesen Planken kämpften sie nun Mann gegen Mann mit ihren Schwertern. **f)** Sie eroberten bald danach den gesamten restlichen Bereich des Mittelmeerraumes.

Die Lösungen

13 **a)** Das begehrteste Material für Kleidung war im Altertum die Seide. **b)** Diese verpuppt sich und spinnt sich im Kokon aus Seide ein. **c)** Die Seidenweberei wurde in China erfunden. **d)** Es sind so viele Funde aus der Zeit zwischen 1500 – 1000 v. Chr. datiert, dass hier von einer professionellen Seidenraupenzucht gesprochen werden kann. **e)** Es war unter Todesstrafe verboten, das Geheimnis der Seidenraupenzucht zu verraten. **f)** Erst 552 n. Chr. wurden einige Seidenraupen in hohlen Bambusstäben nach Konstantinopel gebracht. **g)** Es wurden Reliquien darin eingeschlagen. **h)** Später stellte sich heraus, dass der geheiligte Text La Ilaha illa Allah (Es gibt keinen Gott außer Allah) zuvor in die Seide eingewebt worden war.

14 **a)** Wer richtig ausrastet, kann mit Gegenständen schmeißen oder darauf herumtrommeln. **b)** Dabei kann man sich und andere verletzen. Es ist also keine so sinnvolle Weise, mit seiner Wut zurecht zu kommen. **c)** Aber allen Ärger in sich hineinzufressen, ist auch falsch, denn das kann sogar krank machen. **d)** Eigentlich sind Ärger und Wut keine negativen Gefühle. Sie geben uns die Kraft, Dinge zu verändern und uns für eine Sache einzusetzen sowie zu streiten, wenn wir uns ungerecht behandelt fühlen. **e)** Um nicht zu explodieren, kann man tief durchatmen und in Gedanken bis zwanzig zählen. **f)** Bewegung baut die „Wuthormone" wieder ab. **g)** Mit klarem Kopf kann man seine Argumente besser wählen und seinem Gegenüber richtig die Meinung sagen.

15 **a)** Für 870 Millionen Euro wurde dieses Schiff auf einer französischen Werft gebaut. **b)** Die Queen Mary II fährt die Linie England – New York. **c)** Dafür haben die Maschinen eine Leistung von 157000 PS. **d)** Wegen der unzähligen Treppenstufen und dem riesigen Theater **e)** Auf 3 Swimming Pools an Deck können die Gäste im Freien baden. **f)** Die Fahrt führt durch den eiskalten Nordatlantik. **g)** Die größte Suite mit 209 m² kostet pro Fahrt und pro Person 20000,- €. **h)** Die „billigen Plätze" kosten um 1300,- €.

16 **a)** An vielen Schulen werden sie ausgebildet, um Streitenden einen Weg anzubieten, wieder miteinander auszukommen. **b)** Weil sie dort in der Pause auf ‚Kundschaft' warten. **c)** Sie ärgern sich schon die ganze Woche und haben sich heute auch wüst beschimpft und geschubst. **d)** Ziel der Schlichtung ist nun, dass beide als Gewinner aus dem Gespräch herausgehen. Eine Lösung, die von beiden getragen wird und die auch von den beiden kommen soll. **e)** Er fasst je eine Variante der Erzählung zusammen, um sicher zu gehen, dass er alles richtig verstanden hat. **f)** Als Wiedergutmachung wollen die beiden zusammen Eis essen gehen. **g)** Dieser Fall ist selbstverständlich erfunden, denn kein Streit, der den Schlichtern vorgetragen wurde, darf weiter erzählt werden.

17 **a)** Mein Vetter Helmut war neun Jahre alt, ich zwei Jahre älter. **b)** Wir verschlangen die Bücher von Karl May. **c)** Für uns stand fest, wir würden Trapper, Westmänner, so wie Old Shatterhand. **d)** Für unser lang gespartes Taschengeld kauften wir bunte Perlen, die wir zu fremden Stämmen als Geschenke mitbringen wollten. **e)** Statt auf einem richtigen Pferd voltigierten wir auf unseren Fahrrädern und sprangen während der Fahrt rauf und runter. **f)** Später interessierten wir uns auch fürs Wilde Kurdistan, für die Landschaften zwischen Euphrat und Tigris, für alte Städte und Kara Ben Nemsi und Hadschi Halef Omar. **g)** Helmut saß sein Leben lang brav am Schreibtisch einer großen Versicherungsgesellschaft. **h)** Beide waren wir später glücklich mit unseren Familien.

18 **a)** Wir starteten unsere Klassenfahrt nach Rom. In die schönste Stadt der Welt – so hatte Frau Hellmann, unsere Klassenlehrerin, geschwärmt. **b)** Wir mussten mit dem Bus fahren, da fliegen oder mit der Bahn fahren einfach zu teuer waren. **c)** Wir hatten die Sitzplätze ausgelost. **d)** Die Mädchen sollten nicht alle zusammenhockten, so war die Idee mit der Auslosung entstanden. **e)** Wir hatten uns intensiv auf Italiens Hauptstadt vorbereitet; gelesen, Videos geschaut, Aufsätze geschrieben und im Internet gesurft. **f)** Am nächsten Morgen starteten wir sehr früh und fuhren an vielen bekannten Städten vorbei immer weiter Richtung Rom. **g)** Wir packten aus und nach dem sehr leckeren Abendessen machten wir einen ersten kleinen Erkundungsgang durch ‚unseren' Bezirk.

19 **a)** In den nächsten drei Tagen unserer Klassenfahrt ‚machten' wir, wie Jens, unser Klassenbester sagte, alle Sehenswürdigkeiten Roms. **b)** Anschließend hatten wir einen herrlichen Blick von der Engelsburg aus auf den Tiber. **c)** Wir waren ganz stolz, dass wir unsere Englischkenntnisse anwenden und uns unterhalten konnten. **d)** Wir haben so viele Eindrücke in uns aufgenommen, dass wir auf der Rückreise immer noch neue Episoden aus unserem Rom-Aufenthalt erzählen konnten. **e)** Die Reise dauerte 7 Tage. **f)** Wir lernten nicht nur noch wunderschöne Städte kennen, sondern auch unsere Mitschüler zeigten sich von einer ganz anderen Seite, als wir sie in der Schule kennen gelernt haben. **g)** Diese Abschlussfahrt wird uns immer in Erinnerung bleiben.

20 **a)** Mein Vater, sein Freund Helmut, ich und mein bester Freund Tommy wollten eine Radtour durch Frankreich machen. **b)** Am Abend vorher hatten wir unsere Räder am Bahnhof aufgegeben. **c)** Orléans ist eine sehr schöne alte Stadt bekannt durch die Geschichte der Jeanne D'Arc. **d)** Die Loire ist der längste Fluss Frankreichs, herrlich gelegen inmitten üppiger Weinberge. **e)** Am ersten Abend wollten wir nicht selbst brutzeln, sondern gingen in eine kleine Dorfkneipe und wurden dort herrlich bekocht. **f)** Mein Vater und sein Freund tranken einen Rotwein dazu, wir Coca-Cola. **g)** Das Kochgeschirr wurde nicht einmal benutzt.

21 **a)** Früher wurde man erst auf der so genannten 'Höheren Schule' mit einer zweiten Sprache konfrontiert. **b)** Latein ist eine sehr gute Grundlage für alle romanischen Sprachen. **c)** Meine Eltern nun hatten einen Freund, der bei jeder Gelegenheit seine Kenntnisse in der lateinischen Sprache anbringen wollte. **d)** Dieser Manfred ging allen, die ihn kannten, auf die Nerven mit seinem ewigen Angeben seiner Lateinkenntnisse. **e)** Ein Lateinlehrer in der Freundesrunde merkte schnell, dass Manfreds Kenntnisse aus einer Sammlung auswendig gelernter Redewendungen bestand. **f)** Als er versuchte, ein richtiges Gespräch in der lateinischen Sprache zu führen, musste Manfred verschämt passen. **g)** Hättest du geschwiegen, wärst du ein Philosoph geblieben.

22 **a)** Mein Vater konnte sehr gut Apfelkuchen gebacken. **b)** Meine Mutter hatte ihren 'Freien Sonntag' und durfte heute nichts im Haushalt tun. **c)** Wir saßen zusammen auf unserer Terrasse, als meine Schwester plötzlich rief: „Seid mal still, ich höre was!" **d)** Ein Hund stand vor unserer Tür. **e)** Es schien ihm zu gefallen, was er sah und roch, denn sein Schwänzchen ging hin und her. **f)** Er ging zur Straße, aber kein Mensch war zu sehen, der einen kleinen, weißen Hund suchte. **g)** Meine Mutter meinte, wir sollten am Montag bei der Polizei nachfragen, ob irgendwo ein Hund vermisst würde. **h)** Unsere Nachbarn hatten am Wochenende Besuch gehabt. Ihren Freunden war er weggelaufen. Morgens hatten sie überall herumgefragt, ob jemand den Hund gesehen habe.

23 **a)** Die neue Rechtschreibung in Deutschland ist für alle Bundesländer einheitlich. **b)** Wenn man den Politikern und den Kultusministern glaubt, ist dies jetzt so. **c)** Gelber Einband, schwarze Schrift, auf rotem Untergrund prangt der Hinweis '24. Auflage'. **d)** Jetzt nehme ich mein Lexikon zur Hand. Es ist Buch 13, Neo-Par. **e)** Wladimir Lenin war derjenige, der das herrschende Chaos in Russland beenden wollte. **f)** Die Unzufriedenheit artete in einem Aufstand aus. **g)** Die sog. Rote Armee waltete mit Strenge und Härte über dieses neue Russland. **h)** ‚Die Bolschewisten' ist ein Sammelname für kommunistische Gruppen.

24 **a)** Meine Mutter Brigitte wird von allen Freunden nur Gitte genannt. **b)** Wir wollten wie jedes Jahr auch in diesem Sommer wieder nach Italien auf ‚unseren' Campingplatz fahren, als Vater eines Abends plötzlich eine Bombe platzen ließ. **c)** Vater las in irgendeinem Prospekt und Mutter löste ein Kreuzworträtsel. **d)** „Ich habe mich entschlossen, ein neues Auto zu kaufen!" **e)** Anna schlug einen Peugot 207 Cabrio vor, Arne schwärmte von einem Minicooper und ich fand den 300er Mercedes Klasse. **f)** Es sollte ein VAN sein, ein Auto mit sechs oder sieben Sitzen, großem Stauraum (für unser Zelt) und einem sparsamen Dieselmotor. **g)** Unser altes Auto gaben wir dem Händler als Anzahlung. **h)** Bereits vier Wochen später fuhren wir mit dem neuen Auto nach Italien.

Die Lösungen

25 **a)** Anfang der 1930er Jahre wurde die Getränkedose in den USA erfunden. **b)** Eine Brauerei aus New Jersey kam auf die Idee, sein frisch gebrautes Bier in diese neue Dose abzufüllen. **c)** Bereits im ersten Jahr konnte die Brauerei etwa 200 Millionen Bierdosen verkaufen. **d)** In Deutschland wurde im Jahre 1951 erstmals Dosenbier von einer Brauerei in Frankfurt vertrieben. **e)** Der Deckelverschluss wurde verbessert und die Getränkedosen bestanden im Laufe der Zeit aus Aluminium oder Weißblech. **f)** Viele Menschen warfen die geleerten Dosen einfach achtlos in die Natur, was schlecht für die Umwelt ist, weil die Dose nur sehr schlecht verrottet. **g)** In Deutschland wurde 2003 eine Pfandpflicht für Getränkedosen eingeführt.

26 **a)** Daedalus hatte seinen Schüler aus Neid über dessen Erfindungen getötet und musste gemeinsam mit Ikarus auf die Insel Kreta fliehen, um einer Verurteilung zu entgehen. **b)** Auf Kreta fand er Schutz bei König Minos, für den er viele Dinge erfand. **c)** Minotaurus war ein fürchterliches Wesen, halb Stier, halb Mensch, für den Daedalus einen Irrgarten schuf, damit er sicher weggesperrt werden konnte. **d)** Daedalus beschloss, mit seinem Sohn Ikarus durch die Luft zu fliehen. **e)** Daedalus erfand Flügel, indem er Federn mit Wachs zusammenklebte. **f)** Er ermahnte Ikarus, immer dicht bei ihm zu fliegen. Würde er zu hoch fliegen, würde die Sonne das Wachs schmelzen lassen und würde er zu tief fliegen, würde das Wasser des Meeres die Federn beschweren und so zum Absturz bringen. **g)** Ikarus wurde übermütig, er flog viel zu hoch. Die Sonne schmolz das Wachs und er stürzte wie ein Stein ins Meer und ertrank.

27 **a)** Der Golfstrom gilt als eine Art Fernheizung Europas. **b)** Die Grundlage des Golfstroms wird schon vor Südafrika geschaffen, dort treffen sich Atlantik und Indischer Ozean. **c)** Die Salzzufuhr in den Atlantik ist von immenser Bedeutung für den gesamten Golfstrom. **d)** Von Südafrika aus fließt der Golfstrom entlang der Küste Westafrikas in den Golf von Mexiko und anschließend weiter Richtung Arktis. **e)** Durch die Verdunstung steigt der Salzgehalt des Wassers, welches wegen der zunehmenden Kälte auch dichter und schwerer wird. **f)** Die Erderwärmung führt dazu, dass das Polareis abschmilzt. Durch das geschmolzene Süßwasser verringert sich der Salzgehalt des Meeres. **g)** Wissenschaftler befürchten, der Golfstrom könne sich zunehmend verlangsamen oder eventuell ganz zum Versiegen kommen. Dies lässt sich aber derzeit noch nicht genau vorhersagen.

KOHL VERLAG Wir werden Leseprofi / Klasse 6
Fit durch Lesetraining! – Bestell-Nr. 16 766

Autorenteam Kohl-Verlag & Jochen Vatter

Stationenlesen ... in 3 Niveaustufen

Mit sinnerfassenden Fragestellungen wird der Kompetenzbereich Lesen erarbeitet und vertieft. Das Material ist in drei Niveaustufen aufbereitet, so führen die Stationen zu einem Erfolgserlebnis und motivieren zum Weitermachen.

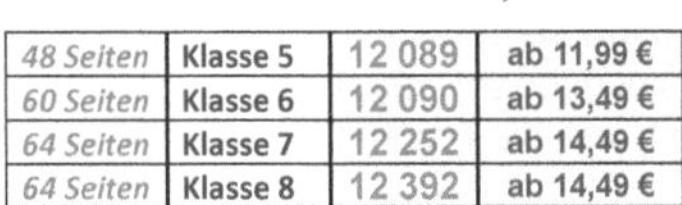

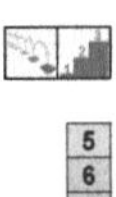
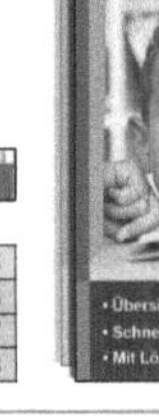

48 Seiten	Klasse 5	12 089	ab 11,99 €
60 Seiten	Klasse 6	12 090	ab 13,49 €
64 Seiten	Klasse 7	12 252	ab 14,49 €
64 Seiten	Klasse 8	12 392	ab 14,49 €

5 6 7 8

Ulrike Stolz & Lynn-Sven Kohl

Lesetraining konkret!

Sinnerfassendes Lesen anhand von Sachtexten

Die Kernaussagen eines Textes müssen beim Lesen erfasst werden. Dieses Lesetraining vermittelt Vorgehensweisen, wie man mit der jeweiligen Textart am besten arbeitet. So gibt es zu jeder Textart ein individuelles Anleitungsblatt, das Methoden bzw. Techniken zur Sinnerfassung erklärt.

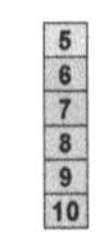

Klasse 5/6	11 264	
Klasse 7/8	11 265	je 64 Seiten
Klasse 9/10	11 266	ab 13,49 €

PDF plus — 5 6 7 8 9 10

Peter Botschen

Die Fünf-Schritt-Lesemethode

DIE effektivste Methode, nachhaltig Lesen zu lernen

Viele haben Probleme, Texte inhaltlich zu erfassen. Dem wollen wir entgegen wirken mit DER Lesemethode schlechthin: der „5-Schritt-Lese-Methode". Für leistungsschwächere Schüler haben wir diese um die „6-Schritt-Lese-Methode" ergänzt. Dieser Band umfasst Kopiervorlagen zur Anfertigung eines Lesefächers für die Klassen 3/4 in der bekannten Fibelschrift, und für die Klassen 5-7 dementsprechend altersgerecht. Für die Klasse 8-10 ist die Lesemethode in einem Anleitungsblatt verfasst, ebenfalls für die Oberstufe. ***Mit farbigem Poster fürs Klassenzimmer!***

60 Seiten	12 570	ab 19,99 €

FÖ INK — Alle Stufen

Mag. C. Ertl & S. Tschannerl

Lesen lernen mit Ferdinand

Legasthenie wirksam bekämpfen

Der Band ist in mehreren Stufen aufgebaut. Zu Beginn wird die Konzentration geübt, anschließend die optische Wahrnehmung mit Bildern, Buchstaben und schließlich mit Sätzen bzw. Geschichten. Der Schüler findet Fehler, löst Rätsel und beantwortet Fragen. Wichtig ist, dass Lernen Spaß macht und mit positiven Emotionen verbunden werden kann, daher sind manche Texte wirklich „schräg". Wichtig ist, dass Lernen Spaß macht und mit positiven Emotionen verbunden werden kann!

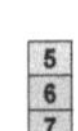

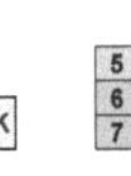
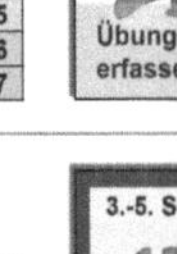

52 Seiten	12 410	ab 14,49 €

FÖ INK — 5 6 7

Wolfgang Krüger

120 Lese- & Schreibübungen mit Wortfamilien

Förderung der Rechtschreibung *und* ***Schreibkompetenz*** *in drei Schritten: **1.** Wörter vergleichen und den gemeinsamen Stamm markieren, **2.** Wörter in den Lückentext einsetzen, was sorgfältiges Lesen erfordert, **3.** Wörter nach Bausteinen gegliedert aufschreiben. Hierbei werden die Kinder mit dem Stammprinzip vertraut, was ihnen hilft, sich vom rein lautbezogenen Schreiben zu lösen. Ausgewählt sind nur Wortfamilien mit Besonderheiten (Doppelkonsonanten, stummes h oder Ableitungen). Die Arbeitsblätter eignen sich hervorragend für die Freiarbeit und Wochenplanarbeit - ideal für die tägliche Leseübung!*

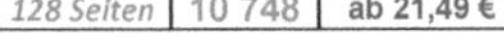

128 Seiten	10 748	ab 21,49 €

FÖ INK PDF plus — 5

Nik Dinges-Vonderlehr & Tobias Vonderlehr

26 Lese-Bild-Geschichten

zur Konzentrationssteigerung

Mit diesen Kopiervorlagen können die Schüler die Szenerie der vorgegebenen Geschichten nach Anleitung gestalten. Die Arbeitsaufträge sind in den Geschichten eingefügt, sodass durch konzentriertes und aufmerksames Lesen ein Bild entsteht, das den Text inhaltskonform illustriert. Über das Leseverstehen wird die Konzentration geschult und die visuelle Wahrnehmung gesteigert. Jeder Schüler wird außerdem in seiner künstlerischen Individualität gefördert.

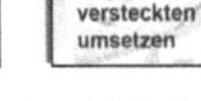

48 Seiten	11 928	ab 13,49 €

FÖ — 5 6 7

Leseförderung

Ulrike Stolz & Lynn-Sven Kohl

Wir werden Leseprofi

Die Lesekompetenz sowie das sinnerfassende Lesen werden trainiert und durch regelmäßigen Einsatz verbessert und gefestigt! Diese funktioniert in drei einzelnen Lernschritten:

- **Lernschritt 1:** *Ein Lesetext wird möglichst aufmerksam gelesen.*
- **Lernschritt 2:** *Richtig/Falsch-Aussagen zum Text werden entsprechend markiert, ohne erneut im Text nachzulesen.*
- **Lernschritt 3:** *Anhand weiterer Impulsfragen zum Lesetext trainieren die Schüler, vollständige Antworten auf konkrete Fragestellungen zu formulieren. Das erhöht zusätzlich die Fähigkeit, sich inhaltlich mit einem Text auseinanderzusetzen.*

5 6 7 8 9 10 — FÖ INK PDF plus

Hauptband

Die Leseprofis dienen dem sinnerfassenden Lesen:

Lesetext ⇨ Richtig-Falsch-Aussage ⇨ Sinnerfassende Fragen schriftlich beantworten

Klasse 5	16 765	
Klasse 6	16 766	
Klasse 7	16 767	
Klasse 8	16 768	je 64 Seiten
Klasse 9/10	16 769	ab 15,99 €

Arbeitshefte

Die Arbeitshefte decken weitere wichtige Bereiche des Lesens ab:

⇨ Silbenübungen; ⇨ Wortbedeutungen und -erfassung; ⇨ Schreibübungen; ⇨ optische Erfassung ...

Klasse 5	16 775	
Klasse 6	16 776	
Klasse 7	16 777	
Klasse 8	16 778	je 64 Seiten
Klasse 9/10	16 779	ab 15,99 €

Sabrina Hinrichs & Autorenteam Kohl-Verlag

Lesetexte Jahreszeiten

Texte in drei Niveaustufen

Motivierende und jahreszeitbezogene Texte, Geschichten fördern die Lesekompetenz. Die inhaltlich gleichen Vorlagen sind in ***drei Niveaustufen*** *(grundlegendes Niveau, mittleres Niveau, erweitertes Niveau) verfasst und ermöglichen allen Lernenden das ihrem Leistungsvermögen entsprechende Textverstehen. Übungsaufgaben und Lernzielkontrollen schließen sich an die jeweiligen Lesetexte in verschiedenen Niveaustufen an.*

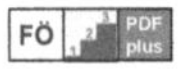

FÖ PDF plus — 5 6

56 S.	Frühlingszeit	11 736	ab 13,49 €
64 S.	Sommerzeit	11 737	ab 14,49 €
64 S.	Herbstzeit	11 733	ab 13,49 €
48 S.	Winterzeit	11 734	ab 13,49 €
64 S.	Weihnachten	11 823	ab 14,49 €
64 S.	Ostern	12 809	ab 14,99 €

Horst Hartmann, Jürgen Tille-Koch & Autorenteam Kohl-Verlag

LESETRAINING

in drei Niveaustufen

Sinnerfassendes Lesen ist ***DIE*** *Grundkompetenz für erfolgreiches Lernen! Hier sind differenzierende Lesetexte und Aufgaben in* ***drei Niveaustufen*** *– jede Geschichte gibt es also in drei verschiedenen Schwierigkeitsvarianten (kürzere oder längere Sätze, geänderte Wortwahl, angepasster Schwierigkeitsgrad bei den gestellten Aufgaben) – je nach dem vorhandenen Leistungsvermögen der Schüler*innen innerhalb einer Klasse/ Gruppe. Dabei bleibt die Geschichte inhaltlich stets gleich, sodass in der Klasse differenziert gearbeitet werden kann und trotzdem alle dasselbe Thema besprechen können. Im Anschluss an jeden Text finden sich abwechslungsreiche, alle den Bereich „Lesen" unterstützende, niveaugerechte Aufgaben (auch zu den Sekundärkompetenzen im Deutschunterricht). Dies garantiert optimale Differenzierung und Individualisierung.*

Klasse 5	16 705	
Klasse 6	16 706	
Klasse 7	16 707	
Klasse 8	16 708	
Klasse 9	16 709	je 80 Seiten
Klasse 10	16 710	ab 17,49 €

FÖ INK PDF plus — 5 6 7 8 9 10

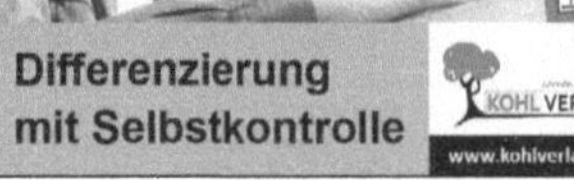